突发公共卫生事件中的家庭法律实务问答

林艳琴 等 编著

编写组
（以姓氏笔画为序）

组　长　林艳琴

成　员　刘治成　李　滨　陈子涵
　　　　林艳琴　郝增丽　姜子杰

主要撰稿人
（以姓氏笔画为序）

刘治成　陈子涵　林禛雨　周小川
郝增丽　姜子杰　桂飞翔　黄陈凤

华龄出版社

责任编辑：苏　辉
责任印制：李未圻

图书在版编目（ＣＩＰ）数据

突发公共卫生事件中的家庭法律实务问答 / 林艳琴 等编著 . —— 北京：华龄出版社，2020.4
ISBN 978-7-5169-1668-1

Ⅰ.①突… Ⅱ.①林… Ⅲ.①公共卫生－突发事件－卫生管理－条例－中国－问题解答 Ⅳ.①D922.165

中国版本图书馆 CIP 数据核字 (2020) 第 053816 号

书　　名：	突发公共卫生事件中的家庭法律实务问答
作　　者：	林艳琴 等 编著
出 版 人：	胡福君
出版发行：	华龄出版社
地　　址：	北京市东城区安定门外大街甲 57 号　　邮　编：100011
电　　话：	010-58122264　　　　　　　　　　　传　真：010-84049572
网　　址：	http://www.hualingpress.com
印　　刷：	北京市大宝装璜印刷厂
版　　次：	2020 年 4 月第 1 版　　2020 年 4 月第 1 次印刷
开　　本：	710×1000　1/16　　　　　　　　　　印　张：14.25
字　　数：	130 千字
定　　价：	48.00 元

版权所有　翻印必究
本书如有破损、缺页、装订错误，请与本社联系调换

前言

2020年春节前后新型冠状病毒肺炎在全国蔓延。这场突如其来的传染性疾病打破了人们的正常生活。2月23日，习近平总书记在统筹推进新冠肺炎疫情防控和经济社会发展工作部署会议上指出，新冠肺炎疫情是新中国成立以来在我国发生的传播速度最快、感染范围最广、防控难度最大的一次重大突发公共卫生事件。他要求，推动做好社会面安全稳定工作，妥善处理疫情防控中可能出现的各类问题，加强群众心理疏导和干预，广泛普及疫情防控知识，引导人民群众正确理性看待疫情，增强自我防范意识和防护能力。同时指出，公共卫生安全是人类面临的共同挑战，需要各国携手应对。为此，北京师范大学法学院家事法研究中心就人民群众在突发公共卫生事件中关心的家庭法律问题进行梳理，围绕监护、婚姻、继承、救助等方面以一问一答的方式编写成书，以解决在突发公共卫生事件下社会大众对法律知识的需求，以实际行动响应党中央的号召，承担起法律人应有的社会责任，为恢复和重建尽绵薄之力。

关于何为"突发公共卫生事件"，依据2003年5月7日国务院第7次常务会议通过的《突发公共卫生事件应急条例》第二条的规定："本条例所称突发公共卫生事件（以下简称突发事件），是指突然发生，造成或者可能造成社会公众健康严重损害的重大传染病疫情、群体性不明原因疾病、重大食物和职业中毒以及其他严重影响公众健康的事件。"该条例规定，国家建立统一的突发事件预防控制体系。同时对突发事件的应急处置方式分别在第四十一条和第四十二条进行了规定，即："对传染病暴发、流行区域内流动人口，突发事件发生地的县级以上地方人民政府应当做好预防工作，落实有关卫生控制措施；对传染病病人和疑似传染病病人，应当采取就地隔离、就地观察、就地治疗的措施。""有关部门、医疗卫生机构应当对传

染病做到早发现、早报告、早隔离、早治疗，切断传播途径，防止扩散。"2005年1月26日，国务院第79次常务会议通过了《国家突发公共事件总体应急预案》，于2006年1月8日发布并实施。在该应急预案中对突发公共事件进行了分类。依据该应急预案中的1.3分类分级规定，突发公共事件主要分为四类，即"本预案所称突发公共事件是指突然发生，造成或者可能造成重大人员伤亡、财产损失、生态环境破坏和严重社会危害，危及公共安全的紧急事件。根据突发公共事件的发生过程、性质和机理，突发公共事件主要分为以下四类：(1)自然灾害。主要包括水旱灾害，气象灾害，地震灾害，地质灾害，海洋灾害，生物灾害和森林草原火灾等。(2)事故灾难。主要包括工矿商贸等企业的各类安全事故，交通运输事故，公共设施和设备事故，环境污染和生态破坏事件等。(3)公共卫生事件。主要包括传染病疫情，群体性不明原因疾病，食品安全和职业危害，动物疫情，以及其他严重影响公众健康和生命安全的事件。(4)社会安全事件。主要包括恐怖袭击事件，经济安全事件和涉外突发事件等。"2004年颁布、2013年修订后的《中华人民共和国传染病防治法》第四章对"疫情控制"做了较为细致的规定，包括停工停课停业、隔离、封闭公共场所等措施。根据上述的规定，本次新型冠状病毒肺炎疫情即属于突发公共卫生事件。

由于疫情突发而出现的许多家庭法律问题，大部分有突发公共卫生事件的共性，也有一些此次疫情的特性。在相关法律问题的解读过程中，我们统一使用"突发公共卫生事件"，在具体事件的叙述时以此次疫情为例；对特性问题直接使用"新冠肺炎疫情"，以便于读者理解。

本书由北京师范大学法学院家事法研究中心组织编写完成。参与编写的人员分别是：刘治成、李滨、陈子涵、林艳琴、林祺雨、周小川、郝增丽、姜子杰、桂飞翔、黄陈凤（以姓氏笔画为序）。其中选题及整体结构由林艳琴教授和李滨教授共同讨论确定；本书的主要撰写者为（以姓氏笔画为序）：刘治成、陈子涵、林祺雨、

周小川、郝增丽、姜子杰、桂飞翔、黄陈凤；由郝增丽、刘治成、陈子涵、姜子杰做了相应的整理与校正工作，郝增丽还完成了编辑工作；统稿工作由林艳琴教授完成。

为了及时、准确地给受此次疫情影响的广大读者提供可供参考的法律知识，我们对由此产生的相关法律问题进行了较为全面、细致的梳理和解答，但因时间仓促，书中难免存在不完善的地方，请各位同行和广大读者提出宝贵意见。

编者
2020 年 3 月

目录

导 读	1
一、法律概念	4

1. 突发公共事件 4
2. 突发公共卫生事件 5
3. 家庭 5
4. 家庭成员 5
5. 近亲属 5
6. 子女 6
7. 家庭关系 6
8. 家庭责任 6
9. 家庭暴力 6
10. 反家庭暴力法 7
11. 法律行为 7
12. 附条件的法律行为 7
13. 继承 7
14. 继承法 8
15. 遗嘱 8
16. 遗嘱执行人 8
17. 继承权 8
18. 财产 9
19. 遗产 9
20. 知识产权 9
21. 专利权 9

22. 著作权	10
23. 商标权	10
24. 法定继承	10
25. 遗赠扶养协议	11
26. 遗嘱继承	12
27. 代位继承	12
28. 转继承	12
29. 公司	13
30. 公司章程	13
31. 按份共有	13
32. 共同共有	14
33. 股份	14
34. 股权	14
35. 股东	14
36. 隐名股东	14
37. 显名股东	14
38. 优先购买权	14
39. 合伙企业	15
40. 普通合伙企业	15
41. 特殊普通合伙企业	15
42. 有限合伙企业	15
43. 普通合伙人	15
44. 有限合伙人	15
45. 民法	16
46. 儿童	16
47. 未成年人	16
48. 留守儿童	16
49. 孤儿	16
50. 完全民事行为能力人	16

目录

51. 限制民事行为能力人	16
52. 无民事行为能力人	17
53. 代理	17
54. 监护	17
55. 儿童监护	17
56. 成人监护	17
57. 监护职责	18
58. 监护种类	18
59. 监护监督	20
60. 婚姻法	20
61. 婚姻	21
62. 结婚	22
63. 离婚	22
64. 夫妻关系	23
65. 夫妻财产制	23
66. 债务	23
67. 非婚同居	24
68. 分居	24
69. 探望权	25
70. 抚养	25
71. 扶养	25
72. 赡养	25
73. 收养	25
74. 遗弃	25
75. 长期照护	26
76. 合同	26
77. 不可抗力	26
78. 社会救助	26
79. 社会保障	27

80. 劳动保障	28
81. 劳动法	28
82. 劳动合同法	28
83. 死亡赔偿金	28
84. 工伤	28
85. 休息休假	28
86. 工资支付	29
87. 烈士	30
88. 诉讼程序	30
89. 诉讼时效	30
90. 除斥期间	31
91. 保险	31

二、家庭法律实务100问 33

（一）家庭关系 33

问题1：突发公共卫生事件结束后家庭可能会有哪些变化？ 33

问题2：突发公共卫生事件期间，家庭暴力受害者可以采取哪些措施进行自我保护？ 34

（二）继承 35

问题3：突发公共卫生事件期间，危机情况下订立的遗嘱效力如何认定？ 35

问题4：在突发公共卫生事件期间，援助的医生在动身前立下了遗嘱，在突发公共卫生事件结束，安全返回后，该遗嘱还是否有效？ 36

问题5：在突发公共卫生事件中，因继承发生了变化，遗嘱人欲修改公证遗嘱，该如何进行？ 37

问题6：附义务的遗嘱中，因突发公共卫生事件而被采取防

目录

控措施和应急处理措施无法履行相应的义务，履行义务一方接受遗产的权利能否被取消？ ……………………………………… 38

问题7：突发公共卫生事件期间对于事实遗赠扶养关系如何认定？ …………………………………………………………… 38

问题8：突发公共卫生事件期间，受遗赠人因被采取防控措施，在两个月内没有做出接受的意思表示的，是否视为放弃接受遗赠？ ………………………………………………………… 39

问题9：在突发公共卫生事件期间，发生工伤死亡，其死亡赔偿金是否属于遗产？ …………………………………………… 40

问题10：在突发公共卫生事件中，被保险人死亡的，其人身保险金是否属于遗产？ ………………………………………… 40

问题11：在突发公共卫生事件期间，被继承人死亡，其遗产中有专利权、著作权时，该部分如何进行继承？ …………… 41

问题12：如果父母负债，在突发公共卫生事件中去世，债务应如何处理？ …………………………………………………… 42

问题13：一家人在突发公共卫生事件中死亡，不能确定死亡先后时间，其继承顺序如何确定，如何分割？ …………… 43

问题14：某人因新冠肺炎疫情这一突发公共卫生事件死亡，照料该人的继承人之外的人，能否分得遗产？ ……………… 44

问题15：某人在突发公共卫生事件中死亡，除侄子外没有其他亲人，并在情况紧急下没有立遗嘱（遗赠），也未订立遗赠扶养协议，那么某人的侄子能否获得其财产？ ………………… 45

问题16：在新冠肺炎疫情这一突发公共卫生事件期间，一子在外打工，已有相关症状，仍返回家中，致父母染病，甚至致其死亡，是否可以取消该子的继承权？ ………………………… 46

问题17：一家人因为突发公共卫生事件而去世，财产中有房产、存款、债务，如何分割？如何继承？ ………………… 47

问题18：有限责任公司股东在突发公共卫生事件中去世，其所持股份如何处理？ …………………………………………… 48

问题 19：在突发公共卫生事件中，如果家庭中有人不幸去世，对于其所拥有的公司股权如何进行法定继承？可以由谁继承？应当按怎样的顺序继承？ ………………………… 49

问题 20：有限责任公司股东因突发公共卫生事件去世，其配偶该如何继承其在公司的权益？ ………………… 49

问题 21：夫妻一方因突发公共卫生事件去世，生前在遗嘱中写明由另一方继承其在有限责任公司的股权，那么另一方是否能直接继承该股权，成为公司股东呢？ ……………… 50

问题 22：有限责任公司股东在突发公共卫生事件中去世，公司章程禁止股权继承的，合法继承人应如何维权？ ………… 51

问题 23：有限责任公司一隐名股东因突发公共卫生事件死亡，其合法继承人能否向显名股东主张权利？ ………… 52

问题 24：股权代持协议中，显名股东因突发公共卫生事件死亡，隐名股东应当如何主张权利？ ……………… 52

问题 25：普通合伙企业中，一名合伙人因突发公共卫生事件去世，其继承人只有 14 岁，该如何继承其在合伙企业中的权益？ ……… 53

问题 26：在突发公共卫生事件期间，某律师事务所的一名合伙人因病去世，其作为未成年人的继承人能否取得该合伙人的资格？ ……………………………… 54

问题 27：合伙企业的有限合伙人因突发公共卫生事件去世，其继承人应如何继承其权益？ ………………… 54

（三）监护 …………………………………………… 55

问题 28：突发公共卫生事件中，未成年人的监护人（被采取防控措施或者应急处置措施的人员、封闭治疗环境中的医护人员等）无法履行监护义务，如何维护未成年人的权益？ …… 55

问题 29：父母违反防控措施或者应急处置措施规定是否构成对未成年子女的监护失职，能否以此撤销其监护人资格？ …… 56

问题 30：突发公共卫生事件复工期间，学校延迟开学，双

职工家庭对未成年子女的监护如何进行？...... 57

问题31：有儿童医院规定在新冠肺炎疫情期间，孩子生病不允许家长陪护，目的是减少家属出入医院以及其他未知接触对孩子带来的风险，如果实在必要会做好登记，固定一位陪护人员。那么当孩子健康有问题时，父母是否需要承担法律责任？...... 57

问题32：突发公共卫生事件期间，若监护人因贫穷等原因无法提供必要条件，满足未成年人的网络上课需求，该如何处理？法律上应由谁负责？...... 59

问题33：突发公共卫生事件中，老年人如果在意定监护协议中约定了监护监督人，监督人如何履行监督职责？...... 61

问题34：突发公共卫生事件中老年人失智，如果有意定监护，需要在法院认定失智老人为无民事行为能力人后，意定监护人才开始履行监护责任吗？...... 62

问题35：突发公共卫生事件中老年人失智，如果有意定监护，因防控措施或者应急处置措施，失智老人的意定监护人客观上无法履行监护职责的，如何处理？...... 62

问题36：突发公共卫生事件中老年人失智，如果有意定监护，失智老人的意定监护人以防控措施或者应急处置措施为借口不履行监护责任如何处理？...... 63

问题37：突发公共卫生事件中老年人失智，如果有意定监护，其意定监护人的监护职责内容除了意定监护协议中约定的之外，还有哪些？...... 63

问题38：突发公共卫生事件中老年人失智，如果有意定监护，当意定监护人履行了监护职责，赡养人还需要履行赡养义务吗？...... 64

问题39：突发公共卫生事件期间如何解除或终止意定监护协议？...... 65

问题40：受新冠肺炎疫情这一突发公共卫生事件影响感染的病人是否可以签订意定监护协议，为自己确定监护人？...... 65

问题 41：受新冠肺炎疫情这一突发公共卫生事件影响感染的病人可否成为未成年人的指定监护人？ …………… 66

（四）婚姻 …………………………………………… 67

问题 42：订婚后遇突发公共卫生事件，双方同意解除婚约，彩礼是否返还？ ………………………………………… 67

问题 43：突发公共卫生事件期间未办理登记的同居男女相互之间是否有继承权？ …………………………………… 67

问题 44：在突发公共卫生事件期间，结婚登记暂停办理，对当事人有何影响？ …………………………………… 68

问题 45：新冠肺炎患者是否可以结婚？ ………………… 69

问题 46：在突发公共卫生事件期间，离婚登记暂停办理，对当事人有何影响？ …………………………………… 69

问题 47：因感情不合夫妻分居，在突发公共卫生事件中被采取防控措施，是否影响分居时间的计算？ …………… 70

问题 48：在新冠肺炎疫情这一突发公共卫生事件期间，若妻子因丈夫的原因而感染，妻子以此为理由提起离婚诉讼时，人民法院可否认定为属于致使夫妻感情破裂的情形，准予离婚？ …… 70

问题 49：双方已经就财产分割以及婚生子女抚养权归属等问题签署离婚协议，因为突发公共卫生事件而没有及时去民政局办理离婚登记手续，那么是否可以就协议内容反悔？ ………… 70

问题 50：突发公共卫生事件期间，未经一方同意，另一方将家庭全部财产捐赠于救助前线，是否有效？ ………… 71

问题 51：欲协议离婚的夫妻因突发公共卫生事件而推迟办理离婚手续，夫妻一方为医护人员，所获得的慰问补助是否属于夫妻共同财产？离婚时如何分割？ ………………… 72

问题 52：夫妻一方因新冠肺炎疫情这一突发公共卫生事件感染而获得的医疗补助或者保险赔偿金，在其离婚时是否可作为夫妻共同财产进行分割？ ……………………………… 72

目录

问题53：第三人作为被保险人，夫妻一方作为受益人获得的人寿保险金是否属于夫妻共同财产？ …………………… 73

问题54：夫妻一方因新冠肺炎疫情这一突发公共卫生事件感染，在另一方不同意支付相关医疗费用的情形下，患病一方可否向法院申请分割夫妻共同财产？ ………………… 74

问题55：夫妻一方因新冠肺炎疫情这一突发公共卫生事件感染，另一方擅自行使股权之后，其并未作出明确相反的意思表示，能否视为对行使股权一方行为的追认？ …………… 75

问题56：夫妻一方在新冠肺炎疫情这一突发公共卫生事件中感染，在无法征询其意见的情况下，另一方能否行使夫妻共有股权？ ……………………………………………… 76

问题57：共同设立公司的夫妻一方趁另一方因新冠肺炎疫情这一突发公共卫生事件感染时，擅自向第三人转让其名下的夫妻共有股权，另一方如何进行救济？能否主张对股权的优先购买权？ ………………………………………………… 77

问题58：在突发公共卫生事件期间，有时因防控需要要求公布个人活动轨迹，夫妻一方据此发现对方发生婚外情，可否要求过错方净身出户？ ……………………………… 78

问题59：夫妻一方或双方在突发公共卫生事件中因为自己治疗或为父母治疗所欠的债务是否为夫妻共同债务？ …………… 80

问题60：恋爱期间，因突发公共卫生事件的发生，一方为治疗另一方的疾病而欠下债务，突发公共卫生事件后二人结婚，这笔借款是否属于夫妻共同债务？ …………………… 80

问题61：恋爱期间，因突发公共卫生事件的发生，一方为治疗另一方的疾病而欠下债务，突发公共卫生事件后二人分手，举债治病的债务如何处置？ ……………………………… 81

（五）抚养、扶养、赡养与收养 …………………………… 81

问题62：突发公共卫生事件期间，夫妻双方因被采取隔离

等防控措施分隔两地，一方拒绝另一方提供帮助的要求（例如邮寄物资），这种行为是否构成遗弃？ ………………… 81

问题 63：在新冠肺炎疫情这一突发公共卫生事件中，家庭成员不慎被感染，经治疗后出院，其他家庭成员以怕被传染为由拒绝照顾，是否构成遗弃？ ………………… 82

问题 64：突发公共卫生事件对子女抚养权的归属有何影响？ 82

问题 65：因新冠肺炎疫情这一突发公共卫生事件而被感染是否构成变更抚养权的理由？ ………………… 83

问题 66：在新冠肺炎疫情这一突发公共卫生事件期间，能否以一方被感染或应减少接触为由中止其探望权？ ……… 84

问题 67：突发公共卫生事件导致企业经营困难，负担抚养费的一方无法获取固定收入，对子女抚养费的支付标准能否变更？ ………………… 85

问题 68：在突发公共卫生事件期间，子女可能因防控措施或者应急处置措施影响而与老年人分开居住，那么老年人的权益应该如何保障？ ………………… 85

问题 69：突发公共卫生事件期间出现孤儿，如果收养需要满足什么条件？ ………………… 86

问题 70：突发公共卫生事件期间出现孤儿，收养程序怎么进行？ ………………… 87

（六）合同 ………………… 88

问题 71：突发公共卫生事件中因被采取防控措施而无法返回城市中租赁的房屋进行居住，在租住协议中约定有因不可抗力可以免除租金的条款，那么突发公共卫生事件是否属于不可抗力，该如何解决？ ………………… 88

问题 72：因新冠肺炎疫情这一突发公共卫生事件取消婚宴造成的损失如何承担？ ………………… 89

问题 73：突发公共卫生事件中，未成年人对救助前线的捐

目录

赠行为是否有效？ 89

问题74：父母在外打工，因突发公共卫生事件与孩子分隔两地。为了方便联系，将手机留给了八岁的孩子。孩子却用手机绑定的信用卡给手游充值了13000多元，其父母可以要求手游方退回这笔费用吗？ 90

问题75：新冠肺炎疫情这一突发公共卫生事件发生后，老人在养老机构感染，子女可以追究养老机构的责任吗？ 91

（七）社会救助 92

问题76：夫妻双方以进城打工维持生计，在突发公共卫生事件发生后，无法返工，若生活发生困难，可否得到一些社会救济？ 92

问题77：突发公共卫生事件发生后如何对特殊群体进行社会救助？ 92

问题78：突发公共卫生事件期间向贫困家庭发放救济金，如何确定临时救助金额？ 93

问题79：突发公共卫生事件中，留守儿童面临的主要困境是什么？ 94

问题80：突发公共卫生事件期间，孤寡老人和留守儿童的防治和救助工作具体如何开展？ 95

问题81：突发公共卫生事件之下社区工作超负荷，独居老人、儿童生活问题如何解决？ 96

（八）劳动保障 97

问题82：突发公共卫生事件期间，家庭成员能否以照顾家庭为由要求防控一线单位提出对其家庭成员的"强制休息令"？ 97

问题83：新冠肺炎疫情这一突发公共卫生事件期间，企业对不复工的职工，能否解除劳动合同？ 98

问题84：新冠肺炎疫情这一突发公共卫生事件期间，用人单位该如何支付劳动者工资？ 99

问题85：因突发公共卫生事件导致的法定假期延长，在延长的这段期间内劳动者的工资如何支付？ 101

问题86：突发公共卫生事件期间，社区志愿者在工作时被感染是否能够认定为工伤？ 102

问题87：因突发公共卫生事件死亡的医护人员，除工伤保险保障外，能否追认为烈士？ 103

（九）诉讼程序   104

问题88：突发公共卫生事件的发生对家事法领域的诉讼时效有何影响？ 104

问题89：突发公共卫生事件的发生对婚姻领域的除斥期间有何影响？ 105

问题90：突发公共卫生事件对诉讼期间有何影响？ 106

问题91：由于突发公共卫生事件影响或被采取防治措施，当事人表示无法按时参加诉讼怎么办？ 107

问题92：突发公共卫生事件期间，夫妻是否可以撤回离婚之诉？ 108

（十）其他   108

问题93：突发公共卫生事件期间，学校延期开学，绝大多数学校采用线上教育方式。在线上教育过程中网络服务提供者可能会承担什么法律责任？ 108

问题94：受突发公共卫生事件影响死亡后，患病逝者的遗体处置工作如何进行？ 110

问题95：受突发公共卫生事件影响死亡后，逝者的家属如何办理丧事活动？ 110

问题96：在对受突发公共卫生事件影响死亡后的逝者遗体进行火化的过程中，若发现贵重财物该如何处理？ 111

问题97：在对因突发公共卫生事件影响而死亡的逝者遗

体进行火化后，若出现逝者家属领取骨灰错误的问题该如何处理？ ... 112

问题98：个人如何防范突发公共卫生事件所带来的经济风险？ ... 112

问题99：企业如何防范突发公共卫生事件所带来的经济风险？ ... 113

问题100：在新冠肺炎疫情这一突发公共卫生事件中，被感染患者的治疗费用及隔离费用该如何承担？ ... 115

附件：相关法律法规文件重要条文摘选 ... 117

一、宪法及应急防控 ... 117

中华人民共和国宪法 ... 117

中华人民共和国传染病防治法 ... 117

突发公共卫生事件应急条例 ... 120

国家突发公共事件总体应急预案 ... 121

二、民法·民事主体及合同等 ... 122

中华人民共和国民法通则 ... 122

最高人民法院关于贯彻执行《中华人民共和国民法通则》若干问题的意见（试行） ... 124

中华人民共和国民法总则 ... 125

最高人民法院关于适用《中华人民共和国民法总则》诉讼时效制度若干问题的解释 ... 131

儿童权利公约 ... 132

中华人民共和国未成年人保护法 ... 132

中华人民共和国收养法 ... 133

中华人民共和国老年人权益保障法 ... 133

中华人民共和国合同法 ... 134

最高人民法院关于适用《中华人民共和国合同法》若干问题的解释（二） 136

    中华人民共和国担保法 136

    中华人民共和国物权法 136

    中华人民共和国侵权责任法 137

    中华人民共和国国家赔偿法 137

    中国公民收养子女登记办法 138

    养老机构管理办法 139

    中国人民银行关于执行《储蓄管理条例》的若干规定 139

    最高人民法院关于审理人身损害赔偿案件适用法律若干问题的解释 141

    最高人民法院关于确定民事侵权精神损害赔偿责任若干问题的司法解释 141

    第八次全国法院民事商事审判工作会议（民事部分）纪要 141

三、民法·婚姻 142

    中华人民共和国婚姻法 142

    最高人民法院关于适用《中华人民共和国婚姻法》若干问题的解释（一） 147

    最高人民法院关于适用《中华人民共和国婚姻法》若干问题的解释（二） 149

    最高人民法院关于适用《中华人民共和国婚姻法》若干问题的解释（三） 151

    民法典婚姻家庭编（草案三次审议稿） 152

    中华人民共和国反家庭暴力法 152

    中华人民共和国母婴保健法 153

    婚前保健工作规范 153

    最高人民法院关于人民法院审理未办理结婚登记而以夫妻名义同居生活案件的若干意见 154

最高人民法院关于人民法院审理离婚案件如何认定夫妻感情确已破裂的若干具体意见 ……………………… 154

最高人民法院审理离婚案件处理财产分割问题的若干具体意见 ……………………………………………… 155

最高人民法院关于人民法院审理离婚案件处理子女抚养问题的若干具体意见 ……………………………… 156

最高人民法院关于聘金或聘礼的几个疑义及早婚如何处理问题的复函 ……………………………………… 157

上海市高级人民法院民一庭关于下发《婚姻家庭纠纷办案要件指南（三）》的通知 ………………… 158

四、民法·继承 …………………………………… 159

中华人民共和国继承法 ……………………………… 159

民法典继承编（草案二次审议稿）………………… 163

最高人民法院关于贯彻执行《中华人民共和国继承法》若干问题的意见 …………………………………… 163

最高人民法院关于保险金能否作为被保险人遗产的批复 …… 164

中华人民共和国公证法 ……………………………… 165

公证程序规则 ………………………………………… 166

遗嘱公证细则 ………………………………………… 166

中华人民共和国著作权法 …………………………… 167

中华人民共和国著作权法实施条例 ………………… 169

五、商法·商事主体 …………………………… 169

中华人民共和国公司法 ……………………………… 169

最高人民法院关于适用《中华人民共和国公司法》若干问题的规定（三）……………………………… 171

中华人民共和国合伙企业法 ………………………… 172

中华人民共和国律师法 ……………………………… 174

律师事务所管理办法 …… 175

六、社会救助 …… 176
社会救助暂行办法 …… 176

七、劳动保障 …… 176
中华人民共和国劳动法 …… 176
中华人民共和国劳动合同法 …… 179
中华人民共和国英雄烈士保护法 …… 180
烈士褒扬条例 …… 180
关于工资总额组成的规定 …… 181
工资支付暂行规定 …… 182
国务院关于职工工作时间的规定 …… 183
特殊工时管理规定（征求意见稿） …… 183
我国法定年节假日等休假相关标准 …… 183
企业职工带薪年休假实施办法 …… 185
全国年节及纪念日放假办法 …… 186

八、诉讼规定 …… 186
中华人民共和国民事诉讼法 …… 186
中华人民共和国刑事诉讼法 …… 188
最高人民法院关于适用《中华人民共和国民事诉讼法》的解释 …… 188
最高人民法院关于适用《中华人民共和国行政诉讼法》的解释 …… 189
最高人民法院关于审理民事案件适用诉讼时效制度若干问题的规定 …… 189

九、其他 190
中华人民共和国刑法 190
中华人民共和国网络安全法 191
中华人民共和国教育法 193
中华人民共和国保险法 194
中华人民共和国社会保险法 195
工伤保险条例 195
志愿服务条例 197
广东省民政厅遗体火化管理工作暂行规定 197
最高人民法院、最高人民检察院关于办理非法利用信息网络、帮助信息网络犯罪活动等刑事案件适用法律若干问题的解释 197

阅读文献 199

后 记 201

导 读

2020年，全国人民度过了一个漫长、安静也不平凡的春节假期。这一切都是因为新型冠状病毒肺炎的出现。新型冠状病毒肺炎（以下简称新冠肺炎）是由新型冠状病毒感染引起的急性呼吸道传染病。与癌症等重大慢性疾病相比，新冠肺炎具有更强的传染性、更大的破坏性，短短几个月疫情就已经在全球范围内大幅蔓延。2020年2月，国家卫生健康委员会发布1号公告："将新型冠状病毒感染的肺炎纳入《中华人民共和国传染病防治法》规定的乙类传染病，并采取甲类传染病的预防、控制措施。"瑞士时间2020年3月11日，世界卫生组织总干事谭德塞在瑞士日内瓦宣布，当前的新冠肺炎疫情可被称为全球大流行。①新华网3月21日消息，世卫组织发布最新一期新冠肺炎每日疫情报告，截至北京时间20日6时59分，全球确诊新冠肺炎234073例。②

新冠肺炎疫情影响虽然严重，但我国政府采取了一系列措施进行应对，包括但不限于以下内容：

1. 国务院成立由国家卫生健康委员会牵头、32个部门组成的联防联控机制，启动应急预案，发布相关通知文件对新冠肺炎疫情防控工作进行了全面部署。各地政府启动应急响应，根据本地疫情在各自的职责范围内做好突发事件应急处理的有关工作。

2. 做好防控工作。根据国务院联防联控机制发布的《关于印发近期防控新型冠状病毒感染的肺炎工作方案的通知》（肺炎机制发〔2020〕9号）等文件建立疫情定期研判机制，加强对新型冠状病毒的研究和流行病学的调查，加快研发病毒疫苗。切断传染源，全

---

①新冠病毒大流行凸显全球抗疫处于关键时刻[EB/OL].中国新闻网，[2020-03-17].http://www.chinanews.com/sh/2020/03-14/9124968.shtml.
②海外疫情简报：中国以外累计确诊超15万 美副总统办公室一职员检测呈阳性[EB/OL].新华网，[2020-03-21]. http://www.xinhuanet.com/2020-03/21/c_1125746368.htm.

面管控野生动物，阻断传播途径，防范人际传播，建议全国人民减少外出、居家休息、最大程度减少人员流动。划定区域，有疫情重点地区旅居史或确诊病例接触史的进行测温和医学观察，对感染者和疑似感染者进行隔离和集中收治。增强全民防范意识，普及防疫知识，鼓励公民做好防护，保护易感人群。强化信息公开，每日对全国感染情况进行播报。做好物资保障和费用保障，疫情医疗个人负担费用由中央财政进行补助，等等。

这些措施成果斐然。截至3月20日6时的数据统计，中国境外新增24121例，已经远远超过中国当天的41例（此41例全部为境外输入病例）。3月19日，中国报告无新增确诊病例，3月18日至19日连续两天，湖北新增确诊病例0例、新增疑似病例0例、现有疑似病例0例，实现"三清零"。

此次对疫情的抗击不仅是对我国治理体系和治理能力现代化建设成果的一次检验，也是对我国法治建设水平的一次检测。在这次举全国之力进行的抗"疫"斗争中，《中华人民共和国突发事件应对法》《中华人民共和国传染病防治法》《国家突发公共事件总体应急预案》《突发事件应急预案管理办法》等应急法律文件发挥了巨大作用，让国家和政府有法可依，有效消除了民众的焦虑和不安。

人类发展史也是一部不停地在与突发公共卫生事件进行对抗的历史。远到公元6世纪的鼠疫，近到21世纪初期接连暴发的严重急性呼吸系统综合征（由SARS病毒引起的非典型肺炎）、禽流感和埃博拉出血热等新型流行病，人类就一直在对抗中成长。在对抗的过程中，经验得以积累，新的公共健康卫生理论得以建立和完善。这些理论中关于对突发公共卫生事件的具体防控措施等可能会伴随着时代的变化、科技的进步等原因淘汰或失效，但其中蕴涵指导意义的观念却仍然是人类应对突发公共卫生事件的宝贵经验。面对突发公共卫生事件，人类刚开始或许会迷茫，可能会因未知而感到焦虑和恐惧，但在逐渐了解的过程中，通过有针对性地采取相关措施，可以最大限度地减少人员伤亡和财产损失。基于此，考虑到突发事

件的共同特点,我们致力于解决突发公共卫生事件中家事领域及与家事领域相关的法律问题,即聚焦于家庭领域,以家庭为中心展开,将涉及家庭成员及与家庭成员相关的法律关系尽可能多地容纳进来。因为,家庭不是孤立的个体,其与个人、企业、政府、社会等是密不可分的,特别是企业等组织的背后都是一个个鲜活的家庭存在。可以说,家庭的建设与发展离不开政府、社会的扶助和支持。因此,从社会治理现代化的角度出发,我们在关注家庭及与家庭成员相关的法律问题的同时,也对与家庭相关的个人、社会组织等如何应对疫情略微涉猎,提供了一些指导性的建议。

本书虽然编写在新冠肺炎疫情期间,但某些解决思路同样可以适用于疫情以外的其他突发公共卫生事件,对自然灾害、事故灾难和社会安全事件等突发事件亦有借鉴和参考意义。

本书主要由法律概念、法律实务问答、相关法律法规文件重要条文摘选等组成,围绕家庭关系、继承、监护、婚姻、抚养、扶养、赡养、收养、合同、社会救助、劳动保障、诉讼程序等方面提炼了一百个法律问题进行了解答。因此,我们在希望本书能拥有清晰结构,便于阅读的同时,还可以保持长久的生命力,让读者朋友们有所收获。

一、法律概念

1. 突发公共事件：依据《国家突发公共事件总体应急预案》1.3分类分级的规定，突发公共事件是指："突然发生，造成或者可能造成重大人员伤亡、财产损失、生态环境破坏和严重社会危害，危及公共安全的事件"。主要分为以下四类：

（1）**自然灾害**：自然灾害是指可以给自然环境、人类生活环境及人类生存带来危害的自然现象。依据《国家突发公共事件总体应急预案》1.3分类分级的规定"主要包括水旱灾害，气象灾害，地震灾害，地质灾害，海洋灾害，生物灾害和森林草原火灾等"。

（2）**事故灾难**：事故灾难是指在人类生产和生活的过程中，由于人类的生产和生活引发的，将会造成大量人员伤亡、经济损失或者环境损害的事件。依据《国家突发公共事件总体应急预案》1.3分类分级的规定"主要包括工矿商贸等企业的各类安全事故，交通运输事故，公共设施和设备事故，环境污染和生态破坏事件等"。

（3）**公共卫生事件**：公共卫生事件是指对公众健康造成或者可能造成重大损失的事件。主要包括传染病疫情，群体性不明原因疾病，食品安全和职业危害，动物疫情，以及其他严重影响公众健康和生命安全的事件。

（4）**社会安全事件**：社会安全事件是指因内部或者外部因素而引发的，对政府管理和社会秩序等造成冲击，一旦发生可能会造成重大人员伤亡和财产损失的群体性事件。依据《国家突发公共事件总体应急预案》1.3分类分级的规定"主要包括恐怖袭击事件，经济安全事件和涉外突发事件等"。

一、法律概念

发生突发公共事件，需要相应的应急处置予以应对。具体可见《国家突发公共事件总体应急预案》3.2应急处置的规定。

2. 突发公共卫生事件：突发公共卫生事件是指依据《突发公共卫生事件应急条例》第二条规定"突然发生，造成或者可能造成社会公众健康严重损害的重大传染病疫情、群体性不明原因疾病、重大食物和职业中毒以及其他严重影响公众健康的事件"。为应对各种突发公共卫生事件，国务院制定《突发公共卫生事件应急条例》对事件的预防与应急准备、报告与信息发布、应急处理、法律责任等做了相应规定。

3. 家庭：家庭是指同居一家共同生活，其成员依法互享权利、互负义务的亲属团体。

4. 家庭成员：家庭成员是指在同一户籍内共同生活、共同劳动、财产共有的具有亲属关系的人。通常来说，家庭成员主要包括夫妻、父母、兄弟姐妹、祖父母或外祖父母等。目前我国民法对于家庭成员并没有相关的明确规定，在《中华人民共和国婚姻法》第三章"家庭关系"中列举了夫与妻，父母与子女（其中包括养父母和养子女、继父母和继子女以及婚生子女和非婚生子女），祖父母与孙子女以及兄姐弟妹等四类家庭成员间的关系。

5. 近亲属：在不同法律条文当中近亲属的范围不同。

《中华人民共和国民法通则》中规定的近亲属，是指依据《最高人民法院关于贯彻执行〈中华人民共和国民法通则〉若干问题的意见（试行）》第十二条的规定包括配偶、父母、子女、兄弟姐妹、祖父母、外祖父母、孙子女、外孙子女；《中华人民共和国民事诉讼法》中的近亲属，是指依据《最高人民法院关于适用〈中华人民共和国民事诉讼法〉的解释》第八十五条的规定，与当事人有夫妻、直系血亲、三代以内旁系血亲、近姻亲关系以及其他有抚养、赡养关系的亲属，可以当事人近亲属的名义作为民事诉讼的诉讼代理人；《中华人民共和国行政诉讼法》中的近亲属，指依据《最高人民法院关于适用〈中华人民共和国行政诉讼法〉的解释》第十四条规定包括：配偶、父母、子女、兄弟姐妹、祖父母、外祖父母、孙子女、外孙子女和其他具有扶养、赡养关系的亲属；《中华人民共和国刑事诉讼法》中的近亲属，是指依据《中华人民共和国刑事诉讼法》第一百零八条规定是指夫、妻、父、母、子、女、同胞兄弟姊妹。

6. 子女：法律上的子女，既包括婚生子女、非婚生子女，也包括养子女和有抚养关系的继子女。依据父母子女关系产生的原因，我国婚姻法将父母子女关系分为自然血亲的父母子女关系和拟制血亲的父母子女关系两种。自然血亲的父母子女关系是指基于子女出生的事实而发生的，依据父母是否有婚姻关系又可以分为婚生父母子女关系和非婚生父母子女关系。拟制血亲的父母子女关系是指基于收养等行为以及事实上的抚养关系形成而发生的，包括养父母子女关系和形成抚养关系的继父母子女关系。对于子女的相关规定主要体现在《中华人民共和国婚姻法》第二十五条、第二十六条和第二十七条。

7. 家庭关系：家庭关系是指基于婚姻、血缘或法律拟制而形成的一定范围的亲属之间的权利和义务关系。其中主要包括：夫妻关系、亲子关系、有权利义务关系的其他近亲属关系等。在《中华人民共和国婚姻法》第三章"家庭关系"中列举了夫与妻，父母与子女（其中包括养父母和养子女、继父母和继子女以及婚生子女和非婚生子女），祖父母与孙子女以及兄姐弟妹这四类家庭关系。

8. 家庭责任：家庭责任是指自然人基于自身作为家庭成员而应为家庭的维系和发展所尽的职责。它由子女对父母的赡养责任、父母对子女的抚养责任、夫妻之间的相互扶助责任、对其他血缘关系成员的责任、对家风家训的传承责任所组成。家庭责任主要体现在《中华人民共和国婚姻法》第二十条、第二十一条、第二十八条以及第二十九条等。

9. 家庭暴力：家庭暴力是指发生在家庭成员之间的，用殴打、捆绑、辱骂等手段对其他家庭成员在生理和心理上进行摧残的侵害行为。《中华人民共和国反家庭暴力法》第二条规定："本法所称

一、法律概念

家庭暴力，是指家庭成员之间以殴打、捆绑、残害、限制人身自由以及经常性谩骂、恐吓等方式实施的身体、精神等侵害行为。"《最高人民法院关于适用〈中华人民共和国婚姻法〉若干问题的解释（一）》第一条规定："婚姻法第三条、第三十二条、第四十三条、第四十五条、第四十六条所称的'家庭暴力'，是指行为人以殴打、捆绑、残害、强行限制人身自由或者其他手段，给其家庭成员的身体、精神等方面造成一定伤害后果的行为。"

10. 反家庭暴力法：反家庭暴力法是指预防和制止家庭成员之间侵害身体和精神等行为的发生，保护家庭成员合法权益的法律规范。反对家庭暴力是全社会的共同责任。《中华人民共和国反家庭暴力法》第一条规定："为了预防和制止家庭暴力，保护家庭成员的合法权益，维护平等、和睦、文明的家庭关系，促进家庭和谐、社会稳定，制定本法。"

11. 法律行为：法律行为是指人们在自主的意思表示下，以作为或者不作为的方式，引起法律关系产生、变更或消灭的行为。该行为必须是法律规范的行为，才发生法律上的效力。比如结婚行为、继承行为。如果不属于法律规范的行为，则不是法律行为，比如恋爱行为。

12. 附条件的法律行为：附条件的法律行为是指附有产生或者消灭该行为效力条件的法律行为。根据该条件的发生是导致其行为效力产生或是消灭，其类型可分为延缓条件和解除条件。该条件是指将来的情形，有可能发生，也有可能不发生，具有未来性和或然性，并且该条件必须要符合法律规定，具有合法性。

13. 继承：继承是指自然人（公民）死亡后，按照《中华人民共和国继承法》相关规定或遵照公民遗嘱，其遗产转归有权取得的人所有的法律制度。其主要有四种分类方式：根据继承方式的不同可分为法定继承与遗嘱继承；根据继承人继承被继承人财产权利义务范围的不同可分为有限继承与无限继承；根据参与继承人数的不同可分为共同继承和单独继承；根据继承人参与继承时地位的不同

可分为本位继承与代位继承。

14. 继承法：继承法是指调整继承法律关系的法律规范，即自然人（公民）在死亡后将其生前所获取的合法收入按照其生前的遗嘱、遗赠或者法律规定，分配该财产移转和归属的法律规范。

15. 遗嘱：遗嘱是指自然人（公民）在法律允许的范围内，按照法律规定的方式对其遗产或其他事务所作的个人处理，并于该自然人（公民）死亡时发生效力的法律行为。

遗嘱主要分为公证遗嘱、自书遗嘱、代书遗嘱、口头遗嘱等。根据《中华人民共和国继承法》第十七条的规定："公证遗嘱由遗嘱人经公证机关办理。自书遗嘱由遗嘱人亲笔书写，签名，注明年、月、日。代书遗嘱应当有两个以上见证人在场见证，由其中一人代书，注明年、月、日，并由代书人、其他见证人和遗嘱人签名。以录音形式立的遗嘱，应当有两个以上见证人在场见证。遗嘱人在危急情况下，可以立口头遗嘱。口头遗嘱应当有两个以上见证人在场见证。危急情况解除后，遗嘱人能够用书面或者录音形式立遗嘱的，所立的口头遗嘱无效。"

16. 遗嘱执行人：遗嘱执行人是指执行遗嘱内容，将遗嘱付诸实施的完全民事行为能力人。《中华人民共和国继承法》第十六条规定："公民可以依照本法规定立遗嘱处分个人财产，并可以指定遗嘱执行人。"

17. 继承权：继承权是指继承人依照法律规定承受被继承人遗产的权利。首先，继承权是一项财产权利，继承将导致财产所有权的移转。其次，继承权通常是以人身关系为基础的，主要表现在继承人和被继承人间存在着婚姻、血缘等关系。法律规定的继承权是继承人享有的一种期待权，这就意味着继承权的实现需要一定的法律事实为前提。当被继承人死亡这一法律事实产生时，继承权才成为既得权，继承人才能够开始继承遗产。对于遗嘱继承来说，还需要满足被继承人生前立有合法遗嘱这一条件。

在实际生活中，继承人丧失继承权的情况也时有发生。根据《中

一、法律概念

华人民共和国继承法》第七条的规定:"继承人有下列行为之一的,丧失继承权:(一)故意杀害被继承人的;(二)为争夺遗产而杀害其他继承人的;(三)遗弃被继承人的,或者虐待被继承人情节严重的;(四)伪造、篡改或者销毁遗嘱,情节严重的。"

18. 财产: 财产是指金钱、房屋、汽车等具有价值,可以在市场上进行交易流通的符合法律规定的资产。根据有无形体可以分为有形财产和无形财产。有形财产根据其是否可以移动并且移动是否会损害其价值可以分为动产和不动产。无形财产是指知识产权等无物质实体的财产,包括著作权、专利权、商标权等。

19. 遗产: 遗产是指自然人(公民)死亡时遗留的个人合法财产。《民法典继承编(草案二次审议稿)》第九百零一条规定:"遗产是自然人死亡时遗留的个人合法财产,但是法律规定或者按照其性质不得继承的除外。"此外,根据《中华人民共和国继承法》第三条的规定:"遗产是公民死亡时遗留的个人合法财产,包括:(一)公民的收入;(二)公民的房屋、储蓄和生活用品;(三)公民的林木、牲畜和家禽;(四)公民的文物、图书资料;(五)法律允许公民所有的生产资料;(六)公民的著作权、专利权中的财产权利;(七)公民的其他合法财产。"

20. 知识产权: 知识产权是指人们对其智力活动所产生的成果所依法享有的专有权利。即国家在法律上对创造者确立的在一定时间内对其智力成果所享有的专有权利。本质上是一种无形财产,其内容包括专利权、著作权、商标权等。

21. 专利权: 专利权是指发明创造人或者权利受让人对智力成果依法在一定时间内所享有的独占权利。专利权具有三种性质:(1)专有性。专利权人对专利权享有的是独占的权利。(2)时间性。法律上对专利权人的独占使用保护是有一定时间限制的,并不能长久地拥有。(3)地域性。专利权是由一域的法律规定所产生的,并受该法律保护,在其他地域和国家并不会受到法律的保护,除非双方签署了专利保护协定或者专利保护的国家公约。专利权的客体有三种,

分别是发明,实用新型和外观设计。

22. 著作权:著作权亦称为版权,是指作者对自己创作的文学、艺术和科学等智力成果的作品所享有的专属权利。根据《中华人民共和国著作权法》第三条规定:"本法所称的作品,包括以下列形式创作的文学、艺术和自然科学、社会科学、工程技术等作品:(一)文字作品;(二)口述作品;(三)音乐、戏剧、曲艺、舞蹈、杂技艺术作品;(四)美术、建筑作品;(五)摄影作品;(六)电影作品和以类似摄制电影的方法创作的作品;(七)工程设计图、产品设计图、地图、示意图等图形作品和模型作品;(八)计算机软件;(九)法律、行政法规规定的其他作品。"著作权包括人身权和财产权,具体体现在《中华人民共和国著作权法》第十条。

23. 商标权:商标权是指商标权人对依法注册的商标所享有的专属权利。商标权利人对于注册商标享有专有使用权、禁止权、转让权和许可权。

(1)专有使用权是商标权人可以依法独占使用商标获取合法利益的权利。

(2)禁止权是指在未经商标权人许可或者转让的情况下,禁止他人在同一种或者类似商品或服务项目上使用与其注册商标相同或近似的商标。

(3)许可权是指商标权人可以和他人签署商标许可使用合同,从而让他人可以使用该商标的权利。

(4)转让权是商标权人在一定条件下,依法将商标权转让给他人的权利。商标转让后,原商标权人丧失商标权,应当签署转让协议,并向商标局提出申请,自商标局核准公告之后,转让发生效力。

24. 法定继承:法定继承是指在自然人(公民)生前既没有立遗嘱,也没有遗赠扶养协议的情况下,其继承人按照《中华人民共和国继承法》相关规定取得其遗产的方式,主要包括继承人范围、继承人参加继承的顺序、继承人应继承的遗产份额以及遗产分配原则等内容。

一、法律概念

在法定继承中，法定继承人是指依照《中华人民共和国继承法》规定的继承范围、继承顺序和遗产分配原则等内容，具有继承资格，承受被继承人遗产的继承人。其第一顺序为配偶、子女（包括婚生子女、非婚生子女、养子女和有扶养关系的继子女）、父母（包括生父母、养父母和有扶养关系的继父母）。其中，如果丧偶儿媳对公、婆，丧偶女婿对岳父、岳母尽了主要赡养义务的，也作为第一顺序继承人。第二顺序为兄弟姐妹（包括同父母的兄弟姐妹、同父异母或者同母异父的兄弟姐妹、养兄弟姐妹、有扶养关系的继兄弟姐妹）、祖父母、外祖父母。继承开始后，由第一顺序继承人继承，第二顺序继承人不继承。没有第一顺序继承人继承的，由第二顺序继承人继承。同一顺序继承人继承遗产的份额，一般应当均等。对生活有特殊困难的缺乏劳动能力的继承人，分配遗产时，应当予以照顾。对被继承人尽了主要扶养义务或者与被继承人共同生活的继承人，分配遗产时，可以多分。有扶养能力和有扶养条件的继承人，不尽扶养义务的，分配遗产时，应当不分或者少分。继承人协商同意的，也可以不均等。

法定继承是遗嘱继承的补充，当继承开始后不适用遗嘱继承时才能适用法定继承。同时，法定继承又是对遗嘱继承的限制，如《中华人民共和国继承法》第十九条关于"特留份"的规定："遗嘱应当对缺乏劳动能力又没有生活来源的继承人保留必要的遗产份额。"

25. 遗赠扶养协议：遗赠扶养协议是指自然人（公民）和扶养人之间签订的，依据《中华人民共和国继承法》第三十一条规定，以扶养人承担该公民生养死葬的义务，公民财产在其死后转归扶养人所有为内容的协议。遗赠扶养协议的确立主要是针对没有法定赡养义务人或其法定赡养义务人无法履行赡养义务的人群，通过签订该协议来保障此类人群的正常生活。根据《中华人民共和国继承法》第五条的规定："继承开始后，按照法定继承办理；有遗嘱的，按照遗嘱继承或者遗赠办理；有遗赠扶养协议的，按照协议办理。"在存在多种继承方式的情形下，应优先按照遗赠扶养协议的方式进行继承。

与遗嘱不同的是，遗赠扶养协议是双方法律行为，即双方当事人意思表示一致时才能发生法律效力的民事法律行为，其成立、变更、解除都需要遗赠一方与扶养一方达成一致。而遗嘱作为单方法律行为，无需他人同意即可产生法律效力。

26. 遗嘱继承：遗嘱继承是指被继承人死亡后，继承人依照被继承人生前所设立的合法有效的遗嘱而取得其遗产的继承方式。相较法定继承的方式而言，两者继承人的范围相同，但遗嘱继承不受法定继承有关对继承人参加继承的顺序以及份额等相关规定的限制，直接体现了被继承人的意志。遗嘱继承的效力优于法定继承的效力，但当存在遗赠扶养协议时，应按照遗赠扶养协议的方式进行继承。

27. 代位继承：代位继承是继承的一种特殊情况。是指被继承人的子女先于被继承人死亡时，由被继承人子女的晚辈直系血亲代替先死亡的长辈直系血亲，继承被继承人遗产的一项法定继承制度。先于被继承人死亡的继承人，称被代位继承人，简称被代位人。代替被代位人继承遗产的人称代位继承人，简称代位人。

《中华人民共和国继承法》第十一条规定了代位继承的内容："代位继承一般只能继承他的父亲或者母亲有权继承的遗产份额。"《最高人民法院关于贯彻执行〈中华人民共和国继承法〉若干问题的意见》对代位继承人的范围也作了规定："25. 被继承人的孙子女、外孙子女、曾孙子女、外曾孙子女都可以代位继承。代位继承人不受辈数的限制。26. 被继承人的养子女、已形成扶养关系的继子女的生子女可以代位继承；被继承人亲生子女的养子女可代位继承；被继承人养子女的养子女可代位继承；与被继承人已形成扶养关系的继子女的养子女也可以代位继承。"

28. 转继承：转继承是指继承人在继承开始后实际接受遗产前死亡，该继承人的合法继承人代其实际接受其有权继承的遗产。《最高人民法院关于贯彻执行〈中华人民共和国继承法〉若干问题的意见》对转继承的方式有相应规定："52. 继承开始后，继承人没有表示放弃继承，并于遗产分割前死亡的，其继承遗产的权利转移给

一、法律概念

他的合法继承人。"

29. 公司：公司是指依照《中华人民共和国公司法》规定在中国境内设立的，以营利为目的的企业法人。在我国公司包括有限责任公司和股份有限公司。

(1) **有限责任公司**：在我国，有限责任公司是指由五十个以下的股东出资并依据相关规定进行登记注册，股东以其所认缴的出资额为限承担有限责任，公司法人以其全部资产对公司债务承担全部责任的经济组织。根据《中华人民共和国公司法》第二十三条的规定："设立有限责任公司，应当具备下列条件：（一）股东符合法定人数；（二）有符合公司章程规定的全体股东认缴的出资额；（三）股东共同制定公司章程；（四）有公司名称，建立符合有限责任公司要求的组织机构；（五）有公司住所。"

(2) **股份有限公司**：在我国，股份有限公司是指由2人以上200人以下为发起人设立的，股东以其认购的股份为限对公司承担责任的经济组织。《中国人民共和国公司法》第七十六条规定："设立股份有限公司，应当具备下列条件：（一）发起人符合法定人数；（二）有符合公司章程规定的全体发起人认购的股本总额或者募集的实收股本总额；（三）股份发行、筹办事项符合法律规定；（四）发起人制订公司章程，采用募集方式设立的经创立大会通过；（五）有公司名称，建立符合股份有限公司要求的组织机构；（六）有公司住所。"

30. 公司章程：公司章程是指公司根据股东共同意思表示所依法制定的基本文件，其主要内容包括公司名称、住所、经营范围、经营管理制度等一系列有关公司组织及活动准则的基本事项。根据《中华人民共和国公司法》第十一条的规定："设立公司必须依法制定公司章程。公司章程对公司、股东、董事、监事、高级管理人员具有约束力。"

31. 按份共有：按份共有是指按份共有人对于其共有的动产或不动产按照各自的份额享有权利、承担义务。根据《中华人民共和

国民法通则》第七十八条的规定:"按份共有财产的每个共有人有权要求将自己的份额分出或者转让。但在出售时,其他共有人在同等条件下,有优先购买的权利。"

32. 共同共有:共同共有是指基于同一所有权,共同共有人对于共有的动产或不动产享有共同的权利、承担共同的义务,共同共有一般是基于特定身份关系产生,典型的是夫妻共同共有、家庭共同共有等。对于共同共有的规定主要体现于《中华人民共和国民法通则》第七十八条之中。

33. 股份:股份是指投资者对公司出资后所获得的出资凭证,是股东行使股权的载体,代表了对公司的部分拥有权。在股份有限公司中,股份是公司资本份额的组成成分。

34. 股权:股权是指在有限责任公司或股份有限公司中,股东基于股东资格所享有的一种人身和财产权益。股东可以根据此项综合性权利参与公司的经营管理,获取经济利益。

35. 股东:股东是指通过出资或其他方式取得公司股权,从而依法对公司享有权利,承担义务的个人或单位。股东的主要权利包括资产收益、参与重大决策和选择管理者等。而在承担义务方面,有限责任公司与股份有限公司的股东有所不同。前者的股东以其认缴的出资额为限对公司承担责任,而后者的股东以其认购的股份为限对公司承担责任。对股东的相关规定主要体现于《中华人民共和国公司法》第三条、第四条之中。

36. 隐名股东:隐名股东是指实际出资者因出于某些原因,以他人的名义设立公司或对公司出资,在公司章程、股东名册以及工商登记材料中也将实际出资人记载为他人。此类通过书面或口头协议委托他人代为持有股权的实际投资人即为隐名股东。

37. 显名股东:显名股东与隐名股东相对应,是指自身并没有实际出资,但却记载于公司章程、股东名册以及工商登记材料中的股东。

38. 优先购买权:优先购买权是指在法律所规定的一定情形下,

一、法律概念

特定权利人拥有的优先于其他权利人主张自身财产权利的权利。通常在租赁房屋出售、知识产权转让以及有限责任公司股东向股东以外的人转让出资等方面均有所体现。

39. 合伙企业：在我国，合伙企业是指自然人、法人和其他组织依照《中华人民共和国合伙企业法》在中国境内设立的普通合伙企业和有限合伙企业。根据《中华人民共和国合伙企业法》第二条的规定："普通合伙企业由普通合伙人组成，合伙人对合伙企业债务承担无限连带责任。本法对普通合伙人承担责任的形式有特别规定的，从其规定。有限合伙企业由普通合伙人和有限合伙人组成，普通合伙人对合伙企业债务承担无限连带责任，有限合伙人以其认缴的出资额为限对合伙企业债务承担责任。"

40. 普通合伙企业：普通合伙企业是指由两个以上的自然人根据合伙协议，互相出资，经营共同事业，并对合伙债务承担无限连带责任的一种合伙企业。

41. 特殊普通合伙企业：特殊普通合伙企业是指以专业知识和专门技能为客户提供有偿服务的专业服务机构，在生活中常见的有律师事务所、会计师事务所等。根据《中华人民共和国合伙企业法》第五十五条之规定，此类专业服务机构可以设立为特殊的普通合伙企业。

42. 有限合伙企业：有限合伙企业是指至少有一名普通合伙人和一名负有限责任的合伙人组成，普通合伙人对合伙企业债务承担无限连带责任，有限合伙人对合伙企业债务只以其出资为限承担责任的合伙企业。

43. 普通合伙人：普通合伙人是指在普通合伙企业与有限合伙企业中，对企业债务承担无限连带责任的自然人、法人或其他组织。同时，根据《中华人民共和国合伙企业法》第三条的规定："国有独资公司、国有企业、上市公司以及公益性的事业单位、社会团体不得成为普通合伙人。"

44. 有限合伙人：有限合伙人是指在有限合伙企业中，对企业

债务的承担以其认缴出资额为限的自然人、法人或其他组织。对于有限合伙人的规定，主要体现于《中华人民共和国合伙企业法》第二条之中。

45. 民法： 民法是指调整平等主体的自然人、法人和非法人组织之间的人身关系和财产关系的法律规范。根据《中华人民共和国民法总则》第一条："为了保护民事主体的合法权益，调整民事关系，维护社会和经济秩序，适应中国特色社会主义发展要求，弘扬社会主义核心价值观，根据宪法，制定本法。"

46. 儿童： 儿童是指未满18周岁的任何人。根据联合国《儿童权利公约》（1991年12月29日第七届全国人民代表大会常务委员会第二十三次会议批准了《儿童权利公约》，并于1992年4月1日开始在我国正式生效。）第一条规定："为本公约之目的，儿童系指18岁以下的任何人，除非对其适用之法律规定成年年龄低于18岁。"

47. 未成年人： 未成年人是指根据《中华人民共和国未成年人保护法》第二条的规定"未满十八周岁的公民"。本书中，未成年人和儿童同一使用。

48. 留守儿童： 国务院印发的《关于加强农村留守儿童关爱保护工作的意见》（国发〔2016〕13号）中规定："留守儿童是指父母双方外出务工或一方外出务工另一方无监护能力、不满十六周岁的未成年人。"

49. 孤儿： 孤儿是指丧失父母的未成年人。依据《中华人民共和国收养法》第四条的规定，不满十四周岁的孤儿可以被收养。

50. 完全民事行为能力人： 完全民事行为能力人是指可以独立进行民事活动，实施民事法律行为的人。根据《中华人民共和国民法总则》第十八条的规定："成年人为完全民事行为能力人，可以独立实施民事法律行为。十六周岁以上的未成年人，以自己的劳动收入为主要生活来源的，视为完全民事行为能力人。"

51. 限制民事行为能力人： 限制民事行为能力人是指八周岁以上的未成年人以及不能完全辨认自己行为的成年人。根据《中华人

一、法律概念

民共和国民法总则》第十九条的规定："八周岁以上的未成年人为限制民事行为能力人，实施民事法律行为由其法定代理人代理或者经其法定代理人同意、追认，但是可以独立实施纯获利益的民事法律行为或者与其年龄、智力相适应的民事法律行为。"

52. 无民事行为能力人：无民事行为能力人是指不满八周岁的未成年人以及不能辨认自己行为的成年人。无民事行为能力人需要其法定代理人代理实施民事法律行为。根据《中华人民共和国民法总则》第二十三条规定："无民事行为能力人、限制民事行为能力人的监护人是其法定代理人。"

53. 代理：代理是指代理人以被代理人（本人）的名义，在代理权限内与第三人（相对人）实施民事行为，其法律后果直接由被代理人承受的民事法律制度。代理包括委托代理和法定代理，委托代理人按照被代理人的委托行使代理权，法定代理人依照法律的规定行使代理权。

54. 监护：监护是指监督和保护无民事行为能力人或限制民事行为能力人的人身权益、财产权益和其他合法权益的民事法律制度。根据我国法律规定，监护分为儿童监护和成人监护。

55. 儿童监护：儿童监护是指对儿童（未成年人）所进行的监护。根据《中华人民共和国民法总则》第二十七条规定："父母是未成年子女的监护人。未成年人的父母已经死亡或者没有监护能力的，由下列有监护能力的人按顺序担任监护人：（一）祖父母、外祖父母；（二）兄、姐；（三）其他愿意担任监护人的个人或者组织，但是须经未成年人住所地的居民委员会、村民委员会或者民政部门同意。"

56. 成人监护：成人监护是指对被宣告为无民事行为能力人或限制民事行为能力人的成年人所进行的监护。根据《中华人民共和国民法总则》第二十八条规定："无民事行为能力或者限制民事行为能力的成年人，由下列有监护能力的人按顺序担任监护人：（一）配偶；（二）父母、子女；（三）其他近亲属；（四）其他愿意担任监护人的个人或者组织，但是须经被监护人住所地的居民委员会、村民委员会或者民政部门同意。"

57. 监护职责： 监护职责是指根据《中华人民共和国民法总则》第三十四条的规定，监护人为了保护被监护人的人身权利、财产权利以及其他合法权益，而代理被监护人实施相关民事法律行为。根据《最高人民法院关于贯彻执行〈中华人民共和国民法通则〉若干问题的意见（试行）》的规定："10. 监护人的监护职责包括：保护被监护人的身体健康，照顾被监护人的生活，管理和保护被监护人的财产，代理被监护人进行民事活动，对被监护人进行管理和教育，在被监护人合法权益受到侵害或者与人发生争议时，代理其进行诉讼。"

58. 监护种类： 根据《中华人民共和国民法总则》、《中华人民共和国民法通则》及其司法解释的有关规定，我国监护主要分为以下几类：

（1）法定监护：法定监护是指监护人及其顺序均由法律直接规定的监护。父母是未成年人的法定监护人。担任法定监护人的人数不限，可以由一人或多人担任。《中华人民共和国民法总则》第二十七条、第二十八条对未成年人和其他无民事行为能力人或限制民事行为能力人的监护人作出了规定。

（2）遗嘱监护：遗嘱监护是指被监护人的父母可以以立遗嘱的方式指定监护人。根据《中华人民共和国民法总则》第二十九条规定："被监护人的父母担任监护人的，可以通过遗嘱指定监护人。"

（3）协议监护：协议监护是指根据法律规定，在尊重被监护人意愿的情形下，具有监护资格的人之间可以通过协议的方式确定监护人。《中华人民共和国民法总则》第三十条对协议监护作出了具体规定。

（4）指定监护：指定监护是指根据法律规定，当对监护人的确定有争议时，由有关组织、部门或人民法院指定的监护。《中华人民共和国民法总则》《中华人民共和国民法通则》均对指定监护作出了规定，一定程度上看，指定监护是法定监护的延伸，即由公权

一、法律概念

力介入从而确定监护关系。《中华人民共和国民法总则》第三十一条规定："对监护人的确定有争议的，由被监护人住所地的居民委员会、村民委员会或者民政部门指定监护人，有关当事人对指定不服的，可以向人民法院申请指定监护人；有关当事人也可以直接向人民法院申请指定监护人。居民委员会、村民委员会、民政部门或者人民法院应当尊重被监护人的真实意愿，按照最有利于被监护人的原则在依法具有监护资格的人中指定监护人。"《中华人民共和国民法通则》第十六条、第十七条也作出了相关规定。

同时，《最高人民法院关于贯彻执行〈中华人民共和国民法通则〉若干问题的意见（试行）》对指定监护的程序作了更详细的规定："17. 有关组织依照民法通则规定指定监护人，以书面或者口头通知了被指定人的，应当认定指定成立。被指定人不服的，应当在接到通知的次日起三十日内向人民法院起诉。逾期起诉的，按变更监护关系处理。"人民法院在指定监护人时，可以先确定有资格的监护人的顺序，对各顺序有资格的监护人进行分析，如若前一顺序有资格的监护人无监护能力或者对被监护人明显不利，法院可以指定后一顺序的有资格的监护人。被监护人有识别能力的，应视情况征求被监护人的意见。

（5）临时监护：临时监护是指当无民事行为能力人或限制民事行为能力人的合法权益处于无人保护的状态时，在有关组织、部门或人民法院指定的监护人产生前，由村委会、居委会或民政部门等法律规定的组织或机关履行临时监护职责。《中华人民共和国民法总则》第三十一条规定："被监护人的人身权利、财产权利以及其他合法权益处于无人保护状态的，由被监护人住所地的居民委员会、村民委员会、法律规定的有关组织或者民政部门担任临时监护人。"第三十六条规定："人民法院根据有关个人或者组织的申请，撤销其监护人资格，安排必要的临时监护措施，并按照最有利于被监护人的原则依法指定监护人。"

（6）国家监护：是指没有法律规定的合适监护人能够对无民事

行为能力人或限制民事行为能力人履行监护职责,而由国家代行监护职责的一种监护。国家监护的职责通常由民政部门或村(居)委会具体履行。《中华人民共和国民法总则》第三十二条规定:"没有依法具有监护资格的人的,监护人由民政部门担任,也可以由具备履行监护职责条件的被监护人住所地的居民委员会、村民委员会担任。"

(7)**意定监护**:意定监护是指具有完全民事行为能力的成年人,与他人或其他组织协商,以书面形式确定自己的监护人的一种方式。依据《中华人民共和国民法总则》第三十三条规定:"具有完全民事行为能力的成年人,可以与其近亲属、其他愿意担任监护人的个人或者组织事先协商,以书面形式确定自己的监护人。协商确定的监护人在该成年人丧失或者部分丧失民事行为能力时,履行监护职责。"

(8)**委托监护**:委托监护是指由合同而设立委托监护人的监护,其可以是全权委托,也可以是限权委托。委托监护尊重监护人的真实意思表示,即便如此,其与意定监护、遗嘱监护也有一定区别。在委托监护中,监护人需要承担因被监护人的侵权行为导致的民事责任,另有约定的除外。《最高人民法院关于贯彻执行〈中华人民共和国民法通则〉若干问题的意见(试行)》规定:"22.监护人可以将监护职责部分或者全部委托给他人。因被监护人的侵权行为需要承担民事责任的,应当由监护人承担,但另有约定的除外;被委托人确有过错的,负连带责任。"

59. 监护监督:监护监督是指从外界监督出发,通过外界参与的方式对监护人履行监护职责进行监督,以保证监护的有效进行,保障被监护人的合法权益。我国现行民事立法关于监护监督制度内容相对模糊,没有事前与事中的监督机制,事后的监督也缺乏具体的实施细则,可操作性不强。《中华人民共和国民法总则》《中华人民共和国民法通则》仅仅规定了哪些组织或单位可以因事申请撤销监护人资格。因此,监护监督制度还需进行构建与细化。

60. 婚姻法:婚姻法是指调整婚姻家庭法律关系的法律规范,

一、法律概念

即调整夫妻之间因为婚姻而产生的人身关系和财产关系的法律规范。在《中华人民共和国婚姻法》第一条中规定:"本法是婚姻家庭关系的基本准则。"

61. 婚姻:婚姻是指为《中华人民共和国婚姻法》所确认的,以共同生活组成家庭为目的,以夫妻权利义务为内容的男女间的自愿结合。

无效婚姻,是指因欠缺婚姻成立的法定条件而不发生法律效力的男女间的结合。《婚姻法》第十条列举了无效婚姻的情形:"有下列情形之一的,婚姻无效:(一)重婚的;(二)有禁止结婚的亲属关系的;(三)婚前患有医学上认为不应当结婚的疾病,婚后尚未痊愈的;(四)未达到法定结婚的。"

(1)重婚的:重婚是指一方有配偶后又与他人结婚的行为。《最高人民法院关于人民法院审理未办结婚登记而以夫妻名义同居生活案件的若干意见》规定:"5.已登记结婚的一方又与第三人形成事实婚姻关系,或事实婚姻关系的一方又与第三人登记结婚,或事实婚姻关系的一方又与第三人形成新的事实婚姻关系,凡前一个婚姻关系的一方要求追究重婚罪的,无论其行为是否构成重婚罪,均应解除后一个婚姻关系。前一个婚姻关系的一方如要求处理离婚问题,应根据其婚姻关系的具体情况进行调解或者作出判决。"

(2)有禁止结婚的亲属关系的:《中华人民共和国婚姻法》第七条规定了禁止结婚的亲属关系为"直系血亲和三代以内的旁系血亲"。直系血亲即祖父母、父母、子女、孙子女。三代以内旁系血亲即与自己出自同一父母、祖父母、外祖父母的情况。

(3)婚前患有医学上认为不应当结婚的疾病,婚后尚未治愈的:《中华人民共和国母婴保健法》第八条及相关法律规定,不应当结婚的疾病主要包括四类:严重遗传性疾病、指定传染病、有关精神病以及其他与婚育有关的疾病。其中,指定传染病根据卫生部《婚前保健工作规范》的有关规定,是指《中华人民共和国传染病防治法》中规定的艾滋病、淋病、梅毒以及医学上认为影响结婚和生育的其他传染病。

（4）未达到法定婚龄的：《中华人民共和国婚姻法》第六条规定："结婚年龄，男不得早于二十二周岁，女不得早于二十周岁。"因此，一方或双方未达法定婚龄的，属于无效婚姻。

62. 结婚： 结婚是指婚姻关系的成立。是男女双方在满足法律所规定的结婚条件后，依法进行婚姻登记，确立夫妻关系，并承担由此而产生的权利和义务的民事法律行为。

结婚条件是指男女双方成立合法婚姻关系需依照的法定条件，依据《中华人民共和国婚姻法》第五条、第六条、第七条的规定有积极条件和消极条件两方面的内容。结婚的积极条件包括：结婚必须男女双方完全自愿；男女双方必须达到法定年龄，男不得早于二十二周岁，女不得早于二十周岁。结婚的消极条件包括：男女双方不得有配偶；男女双方不属于直系血亲或三代以内的旁系血亲；男女双方均未患有医学上认为不应当结婚的疾病。

结婚登记是指依据《中华人民共和国婚姻法》第八条的规定，男女双方必须亲自到婚姻登记机关进行结婚登记，是男女双方成立合法婚姻关系的法定程序。

63. 离婚： 离婚是指婚姻关系的解除。是夫妻双方依照法律规定的条件和程序，通过协议离婚或诉讼离婚的方式解除夫妻关系，终止夫妻间权利和义务的民事法律行为。

协议离婚是指根据《中华人民共和国婚姻法》第三十一条的规定，夫妻双方自愿签订离婚协议书后到离婚登记机关申请办理离婚登记解除婚姻关系的方式。

诉讼离婚是指依据《中华人民共和国婚姻法》第三十二条的规定，夫妻任意一方到法院起诉离婚，通过法院的审判判决夫妻是否解除婚姻关系的方式。

离婚条件是指夫妻双方解除婚姻关系需依照的法定条件，根据《中华人民共和国婚姻法》第三十一条、第三十二条的规定，协议离婚需满足以下条件：夫妻双方自愿离婚；对子女和财产问题已有适当处理。诉讼离婚需满足以下条件：夫妻双方感情确已破裂，调

一、法律概念

解无效。具体包括下列情形：重婚或有配偶者与他人同居的；实施家庭暴力或虐待、遗弃家庭成员的；有赌博、吸毒等恶习屡教不改的；因感情不和分居满二年的；其他导致夫妻感情破裂的情形。

离婚登记是指根据《中华人民共和国婚姻法》第三十一条的规定，协议离婚的双方当事人，通过婚姻登记机关解除婚姻关系的法定程序。

64. 夫妻关系：夫妻关系是指夫妻之间相互的权利义务关系，包括人身关系和财产关系。夫妻人身关系是指夫妻双方在婚姻关系中的身份、地位等方面的权利义务关系；夫妻财产关系是夫妻双方在财产方面的权利义务关系，包括对婚姻关系存续期间所得的财产以及婚前财产占有、使用、收益、处分等问题。

65. 夫妻财产制：夫妻财产制是指夫妻关系存续期间，规定夫妻财产关系的法律制度。其内容包括各种夫妻财产制的设立、变更与废止，夫妻婚前财产和婚后所得财产的归属、管理、使用、收益、处分，以及家庭生活费用的负担，夫妻债务的清偿，婚姻终止时夫妻财产的清算和分割等问题。

夫妻财产制是婚姻家庭法的主要内容，也是整个社会财产制度的组成部分。夫妻财产制包括法定财产制与约定财产制。我国以婚后所得共同制为法定夫妻财产制，而对于约定夫妻财产制则规定于《中华人民共和国婚姻法》第十九条："夫妻可以约定婚姻关系存续期间所得的财产以及婚前财产归各自所有、共同所有或部分各自所有、部分共同所有。约定应当采用书面形式。没有约定或约定不明确的，适用本法第十七条、第十八条的规定。"

66. 债务：债务是指在债的法律关系中，债务人在符合法律规定的情形下对债权人所承担的为或者不为一定行为的义务。若债务人在二人以上，根据各自需要承担债务的多少可以分为连带债务和按份债务。

（1）连带债务是指在同一债权债务关系中，二人以上的债务人中的任何一位，都有依法对债权人所承担的债务进行全部清偿的责

任和义务。

（2）按份债务是指在同一债权债务关系中，二人以上的债务人之间按照一定的比例承担债务，即债务人只需依法向债权人履行自己应当清偿的债务份额。

67. 非婚同居：非婚同居是指男女双方在未领取结婚证的条件下，以夫妻的名义在一起共同生活。我国法律不保护违反一夫一妻制的婚外同居生活。对于非婚同居的一种形式——事实婚姻，我国法律有条件承认，2001年出台的《最高人民法院关于适用〈中华人民共和国婚姻法〉若干问题的解释（一）》第五条规定："未按婚姻法第八条规定办理结婚登记而以夫妻名义共同生活的男女，起诉到人民法院要求离婚的，应当区别对待：（一）1994年2月1日民政部《婚姻登记管理条例》公布实施以前，男女双方已经符合结婚实质要件的，按事实婚姻处理；（二）1994年2月1日民政部《婚姻登记管理条例》公布实施以后，男女双方符合结婚实质要件的，人民法院应当告知其在案件受理前补办结婚登记；未补办结婚登记的，按解除同居关系处理。"而对于非婚同居，根据《最高人民法院关于适用〈中华人民共和国婚姻法〉若干问题的解释（二）的补充规定》修正中的第一条规定："当事人起诉请求解除同居关系的，人民法院不予受理。但当事人请求解除的同居关系，属于婚姻法第三条、第三十二条、第四十六条规定的'有配偶者与他人同居'的，人民法院应当受理并依法予以解除。当事人因同居期间财产分割或者子女抚养纠纷提起诉讼的，人民法院应当受理。"可见，非婚同居在我国法律上并未予以认可。

68. 分居：分居是指家庭成员不在一起共同生活的情形。《中华人民共和国婚姻法》中的分居是指夫妻双方在婚姻关系存在的前提下，因为感情不和，不在一起共同生活，而建立各自生活的情形。其第三十二条规定，人民法院在审理离婚案件的过程中，判断"感情确已破裂"的标准包括"感情不合分居满两年"的情形。需要指出的是，夫妻双方因为其他原因导致不能在一起生活的情形，不属

一、法律概念

于《中华人民共和国婚姻法》中规定的分居行为。

69. 探望权：探望权是指夫妻双方离婚后，不直接抚养子女的父亲或母亲一方享有的对子女进行看望、联系、教育的权利。另一方对此负有协助的义务。根据《中华人民共和国婚姻法》第三十八条的规定："行使探望权利的方式、时间由当事人协议；协议不成时，由人民法院判决。父或母探望子女，不利于子女身心健康的，由人民法院依法中止探望的权利；中止的事由消失后，应当恢复探望的权利。"

70. 抚养：抚养是指依据相关法律规定，长辈亲属对晚辈亲属的抚育、管教所形成的权利义务关系。根据《中华人民共和国婚姻法》第二十一条、第二十五条、第二十八条的规定，抚养主要存在于生父母对婚生子女以及非婚生子女之间、继父母对继子女之间以及养父母对养子女之间。有负担能力的祖父母、外祖父母，对父母已经死亡或父母无力抚养的未成年的孙子女、外孙子女也具有抚养的义务。

71. 扶养：扶养是指依据相关法律规定，平辈亲属之间关于经济供养和劳务扶助的权利义务关系。《中华人民共和国婚姻法》第二十条规定："夫妻有互相扶养的义务。"第二十九条规定："有负担能力的兄、姐，对于父母已经死亡或父母无力抚养的未成年的弟、妹，有扶养的义务。由兄、姐扶养长大的有负担能力的弟、妹，对于缺乏劳动能力又缺乏生活来源的兄、姐，有扶养的义务。"

72. 赡养：赡养是指依据相关法律规定，晚辈亲属对长辈亲属的物质和生活帮助所形成的权利义务关系。《中华人民共和国婚姻法》第二十一条规定："子女对父母有赡养扶助的义务。"第二十八条规定："有负担能力的孙子女，外孙子女，对于子女已经死亡的祖父母、外祖父母，有赡养义务。"

73. 收养：收养是指依据《中华人民共和国婚姻法》《中华人民共和国收养法》以及相关规定，没有血缘关系或旁亲血亲关系的人之间通过收养协议确立父母子女关系的方式。

74. 遗弃：遗弃是指家庭成员中在法律上负有抚养、赡养、扶养义务的一方，对需要抚养、赡养、扶养的未成年人、老年人、没

有独立生活能力的另一方，有能力履行但拒绝履行其应尽义务的行为。若该行为造成了一定的严重后果，则应当按照《中华人民共和国刑法》中规定的遗弃罪进行定罪处罚。

75. 长期照护：长期照护是指由正式（专业人士）和非正式（家人、朋友、邻居或志愿者）的照护者所提供的医疗护理和个人照顾的综合服务，以保证那些不具备完全自我照料能力的人活动能力和生活品质都达到较高程度。

76. 合同：合同是指依据《中华人民共和国合同法》第二条的规定，平等主体的自然人、法人、其他组织之间设立、变更、终止民事权利义务关系的协议。

77. 不可抗力：不可抗力在我国民法上是指不能预见、不能避免和不能克服的客观情况。依据《中华人民共和国合同法》第一百一十七条的规定："因不可抗力不能履行合同的，根据不可抗力的影响，部分或者全部免除责任，但法律另有规定的除外。"

78. 社会救助：社会救助是指国家和社会对由于各种原因而陷入生存困境的公民，给予财物接济和生活扶助，以保障其最低生活需要的制度。

《社会救助暂行办法》规定了由国务院民政部门统筹全国社会救助体系建设，不断完善托底线、救急难、可持续的社会救助制度，形成保障困难群众基本生活的安全网。主要内容有：一是构建社会救助制度体系。包括最低生活保障、特困人员供养、受灾人员救助、医疗救助、教育救助、住房救助、就业救助、临时救助等八项制度以及社会力量参与。二是加强社会救助统筹协调。由国务院民政部门统筹全国社会救助体系建设，各部门按照各自职责做好相应的社会救助管理工作，并要求建立健全政府领导、民政部门牵头、有关部门配合、社会力量参与的社会救助工作协调机制。三是坚持社会救助城乡统筹发展。坚持城乡统筹发展的理念和要求，确保党和政府的关怀，广泛惠及城乡所有困难居民。四是强化社会救助家庭经济状况查询核对机制。建立信息核对平台，根据救助申请及获得救

一、法律概念

助家庭的请求、委托，由县级以上民政部门代为查核其收入状况、财产状况。这为今后科学、准确认定社会救助对象并完善退出机制，确保社会救助公平、公正实施奠定了基础。

79. 社会保障： 社会保障是指国家通过立法，积极动员社会各方面资源，增进公共福利水平，提高国民生活质量的一切措施和行为的总和。具体内容如下：

（1）社会保险：社会保险是指国家通过建立社会保险基金，在公民（自然人）[①]失去劳动岗位或因健康等原因造成损失时给予必要物质帮助的制度，是社会保障制度的重要组成部分。依法享受社会保险是公民（自然人）的基本权利。公民（自然人）因年老、失业、患病、工伤、生育而减少或丧失劳动收入时，能从社会获得经济补偿和物质帮助，保障基本生活。按照《中华人民共和国社会保障法》的规定，社会保险项目分为养老保险、失业保险、医疗保险、工伤保险和生育保险。社会保险的保障对象是全体公民（自然人），资金主要来源是用人单位和公民（自然人）个人的缴费，政府给予资助。

（2）社会救济：社会救济是指国家和社会对生活在贫困线以下的低收入者或者遭受灾害的生活困难者提供无偿物质帮助。维持最低水平的基本生活是社会救济制度的基本特征。社会救济经费的主要来源是政府财政支出和社会捐赠。

（3）社会福利：社会福利是指国家为改善和提高社会成员的物质生活和精神生活所提供的福利津贴、福利设施和社会服务。

（4）优抚安置：优抚安置是指国家对从事特殊工作者及其家属，如军人及其亲属予以优待、抚恤、安置的一项社会保障制度。

（5）社会互助：社会互助是指在政府鼓励和支持下，社会团体和社会成员自愿组织和参与的扶弱济困活动。社会互助具有自愿和非营利的特征，其资金主要来源于社会捐赠和成员自愿交费，政府往往从税收等方面给予支持。社会互助主要形式包括：工会、妇联

[①]《民法总则》中已经将公民表述为自然人，但旧的法条里保留公民。

等群众团体组织的群众性互助互济；民间公益事业团体组织的慈善救助；城乡居民自发组成的各种形式的互助组织等。

80. 劳动保障：劳动保障是指依据《中华人民共和国劳动法》等法律规定，以维护劳动者的基本权益为目的所采取的一系列措施和行为。

81. 劳动法：劳动法是指调整劳动关系以及与劳动关系密切联系的社会关系的法律规范总称。在当前社会主义市场经济下，劳动者权益受到侵害的情况时有发生，劳动法的制定是为了保护劳动者的合法权益，调整劳动关系，建立和维护适应社会主义市场经济的劳动制度，最终实现推动经济发展和社会进步的目标，我国制定了《中华人民共和国劳动法》。

82. 劳动合同法：劳动合同法是指调整劳动合同关系的法律规范总称。为了完善社会主义市场经济下的劳动合同制度，明确劳动合同双方当事人的权利和义务，从而实现保护劳动者合法权益，构建和发展和谐稳定劳动关系的目标，我国制定了《中华人民共和国劳动合同法》。

83. 死亡赔偿金：死亡赔偿金是指当事人在意外事故或侵权事件中死亡的，相关责任人给予其家属的赔偿。其中包括死者的丧葬费用、对其近亲属的精神抚恤金以及其他必要费用。死亡赔偿金在《中华人民共和国民法通则》《中华人民共和国国家赔偿法》等多部法律中都有所体现。

84. 工伤：工伤是指劳动者在劳动生产中因工作原因所遭受的人身损害。其中，既包括劳动者在工作时间和工作场所内，因工作原因造成的事故伤害和职业病，也包括劳动者在上下班途中遭受的非自身主要责任的交通事故所造成的伤害，以及其他视同工伤的情形。对于工伤的界定，主要规定于《工伤保险条例》第十四条、第十五条。

85. 休息休假：休息休假是指劳动者在法律法规规定的法定工作时间之外，可以由其自行支配的时间。依据《中华人民共和国劳动法》等相关规定，我国法定休息休假时间主要包括法定节假日、

一、法律概念

休息日、年休假、探亲假、婚丧假等。

（1）**法定节假日**：法定节假日是指依照《我国法定年节假日等休假相关标准》规定"由国家法律、法规统一规定的用以开展纪念、庆祝活动的休息时间，也是劳动者休息时间的一种。""现行法定年节假日标准为11天。全体公民放假的节日是新年放假1天；春节放假3天；清明节放假1天；劳动节放假1天；端午节放假1天；中秋节放假1天；国庆节放假3天。"

（2）**休息日**：休息日又称公休假日，是指依照《我国法定年节假日等休假相关标准》规定"劳动者满一个工作周后的休息时间"。此外，《国务院关于职工工作时间的规定》第七条对我国劳动者的休息时间进行了规定："国家机关、事业单位实行统一的工作时间，星期六和星期日为周休息日。企业和不能实行前款规定的统一工作时间的事业单位，可以根据实际情况灵活安排周休息日。"

（3）**年休假**：年休假是指劳动者一年一次的假期。而带薪年休假是依照《我国法定年节假日等休假相关标准》规定"劳动者连续工作满1年后每年依法享有的保留职务和工资的一定期限连续休息的假期"。

（4）**探亲假**：探亲假是指依照《我国法定年节假日等休假相关标准》的规定，劳动者工作满1年，与配偶或父母不住在一起，又不能在公休假日团聚的，可以享受探望配偶或父母的假期待遇。

（5）**婚丧假**：婚丧假是指依照《我国法定年节假日等休假相关标准》的规定，劳动者本人结婚以及职工的直系亲属死亡（父母、配偶和子女）时依法享受的假期。可根据路程远近，给予路程假。

86. 工资支付：工资支付是指当劳动者在工作中完成相应工作量，用人单位按照劳动法的相关规定，遵循按劳分配、同工同酬的原则支付相应报酬的行为。对于工资支付的规定主要体现于《中华人民共和国劳动法》第五章"工资"之中。关于工资的构成，依据1990年1月1日国家统计局第一号令发布的《关于工资总额组成的规定》第四条的规定："工资总额由下列六个部分组成：（一）计时

工资；（二）计件工资；（三）奖金；（四）津贴和补贴；（五）加班加点工资；（六）特殊情况下支付的工资。"

87. 烈士：烈士是指在革命斗争、保卫祖国、社会主义现代化建设事业中为了争取民族独立和人民解放，实现国家富强和人民幸福，促进世界和平和人类进步以及为争取大多数人的合法正当利益而毕生奋斗、英勇献身、壮烈牺牲的人。对于烈士的界定，主要规定于《中华人民共和国英雄烈士保护法》第二条。

88. 诉讼程序：诉讼程序是指依据相关诉讼法律规定，案件当事人等诉讼主体，为解决案件而进行的全部诉讼活动以及由此产生的诉讼关系的总和。

89. 诉讼时效：诉讼时效是指依据《中华人民共和国民法总则》等法律规定，保护公民民事权利不受侵害的法定时间。诉讼时效可以分为以下几类：

（1）普通诉讼时效：普通诉讼时效是指依据《中华人民共和国民法总则》第一百八十八条第一款规定："向人民法院请求保护民事权利的诉讼时效期间为三年。法律另有规定的，依照其规定。"

（2）短期诉讼时效：短期诉讼时效是指依据《中华人民共和国民法通则》第一百三十六条规定："下列的诉讼时效期间为一年：（一）身体受到伤害要求赔偿的；（二）出售质量不合格的商品未声明的；（三）延付或者拒付租金的；（四）寄存财物被丢失或者损毁的。"但是，根据《最高人民法院关于适用〈中华人民共和国民法总则〉诉讼时效制度若干问题的解释》第一条的规定，上述四种一年诉讼时效的情形已不再适用。

（3）长期诉讼时效：长期诉讼时效是指依据《中华人民共和国合同法》第一百二十九条规定"因国际货物买卖合同和技术进出口合同争议提起诉讼或者申请仲裁的期限为四年，自当事人知道或者应当知道其权利受到侵害之日起计算。因其他合同争议提起诉讼或者申请仲裁的期限，依照有关法律的规定。"

（4）最长诉讼时效：最长诉讼时效是指依据《中华人民共和国

一、法律概念

民法总则》第一百八十八条第二款规定:"诉讼时效期间自权利人知道或者应当知道权利受到损害以及义务人之日起计算。法律另有规定的,依照其规定。但是自权利受到损害之日起超过二十年的,人民法院不予保护;有特殊情况的,人民法院可以根据权利人的申请决定延长。"

此外,在诉讼时效期间进行中,诉讼时效可能因为某些法定事由发生中止或中断:

(1)**诉讼时效中止**:诉讼时效中止是指依据《中华人民共和国民法总则》第一百九十四条规定:"在诉讼时效期间的最后六个月内,因下列障碍,不能行使请求权的,诉讼时效中止:(一)不可抗力;(二)无民事行为能力人或者限制民事行为能力人没有法定代理人,或者法定代理人死亡、丧失民事行为能力、丧失代理权;(三)继承开始后未确定继承人或者遗产管理人;(四)权利人被义务人或者其他人控制;(五)其他导致权利人不能行使请求权的障碍。自中止时效的原因消除之日起满六个月,诉讼时效期间届满。"

(2)**诉讼时效中断**:诉讼时效中断是指依据《中华人民共和国民法总则》第一百九十五条规定:"有下列情形之一的,诉讼时效中断,从中断、有关程序终结时起,诉讼时效期间重新计算:(一)权利人向义务人提出履行请求;(二)义务人同意履行义务;(三)权利人提起诉讼或者申请仲裁;(四)与提起诉讼或者申请仲裁具有同等效力的其他情形。诉讼时效因提起诉讼、当事人一方提出要求或者同意履行义务而中断。"

90. 除斥期间:除斥期间是指法律规定民事实体权利存在的期间。权利人在除斥期间内不行使相应的民事权利,则在该法定期间届满时,导致该民事权利消灭。

91. 保险:保险作为一种常见的合同行为,是指投保人与保险人订立保险合同,双方当事人根据合同约定,由投保人向保险人支付对价即保险费,保险人在合同约定事项发生时为投保人承担保险金给付责任。保险合同一般为附条件或附期限合同,如储蓄性保险一般为附期限合同，当合同约定年限届满或约定年龄到达时，保险人对投保人进行分红返利；大部分保险如意外险、医疗险等保险为附条件合同，当合同约定事项如事故、疾病等条件成就时，保险人对投保人承担保险金给付责任。关于保险的界定，主要体现于《中华人民共和国保险法》第二条之中。

二、家庭法律实务100问

（一）家庭关系

问题1：突发公共卫生事件结束后家庭可能会有哪些变化？

答：以新冠肺炎疫情为例，疫情发生后，政府采取了一些防控措施，比如要求群众尽量居家休息、减少外出等。一方面，这些防控措施有力地阻止了疫情的传播，但另一方面，家庭成员之间的相处时间较以前增加了许多，可能会引发家庭矛盾。在夫妻关系中，可能导致新冠肺炎疫情这一突发公共卫生事件结束后离婚率升高。

离婚包括协议离婚和诉讼离婚。协议离婚尊重双方真实的意思表示，双方通过签订协议，对财产分割、子女抚养、债权债务等问题达成一致后，到民政机关办理离婚手续。诉讼离婚是在双方无法达成一致的情况下，起诉至人民法院，由人民法院判决离婚。根据《中华人民共和国婚姻法》（以下简称《婚姻法》）第三十二条的规定："人民法院审理离婚案件，应当进行调解；如感情确已破裂，调解无效，应准予离婚。有下列情形之一，调解无效的，应准予离婚：（一）重婚或有配偶者与他人同居的；（二）实施家庭暴力或虐待、遗弃家庭成员的；（三）有赌博、吸毒等恶习屡教不改的；（四）因感情不和分居满二年的；（五）其他导致夫妻感情破裂的情形。一方被宣告失踪，另一方提出离婚诉讼的，应准予离婚。"由此可见夫妻感情破裂是导致夫妻离婚至关重要的因素。在防控措施期间，生活空间的高度重叠、生活习惯的差异性、长期在家无法宣泄的负

面情绪以及夫妻固有矛盾的激化等原因,导致家庭矛盾可能会频发,夫妻间的感情有可能在这一次次的争吵中慢慢破裂。

对此,我们建议,为了婚姻的长久,突发公共卫生事件期间,夫妻之间要相互尊重、互相体谅、多站在对方的角度考虑问题;多沟通,及时表达自己的想法,避免夫妻之间产生误会和心结;另外也要学会控制自己的情绪并化解情绪,必要时寻求外界帮助,比如在线咨询心理医生等。

除夫妻关系可能发生变化外,父母—子女关系也极有可能发生相关变化。因此,父母更需要注意利用居家期间,对子女进行正确的教育引导,借此机会多与孩子交流沟通,对父母子女间旧有矛盾进行化解,促进父母子女间的关系良好发展,促进家庭和谐。

问题2:突发公共卫生事件期间,家庭暴力受害者可以采取哪些措施进行自我保护?

答:以新冠肺炎疫情为例,疫情发生后,政府号召居家休息,减少外出,一定程度上可能会激化家庭矛盾,引发家庭暴力。依据《中华人民共和国反家庭暴力法》(以下简称《反家庭暴力法》)第十三条的规定:"家庭暴力受害人及其法定代理人、近亲属可以向加害人或者受害人所在单位、居民委员会、村民委员会、妇女联合会等单位投诉、反映或者求助。"在遭受家庭暴力时,受害人可以第一时间向公安机关报案,由公安机关制止家庭暴力,保护受害人人身安全,协助受害人就医,对施暴人进行批评教育、训诫或是治安管理处罚,情节严重违反刑法规定的要依法追究其刑事责任。《反家庭暴力法》第十九条规定:"法律援助机构应当依法为家庭暴力受害人提供法律援助。人民法院应当依法对家庭暴力受害人缓收、减收或者免收诉讼费用。"

此外,依据《反家庭暴力法》第二十条和第二十三条的规定,受害人还可以向受害人居住地、加害人居住地或者家庭暴力发生地基层人民法院申请人身保护令,寻求司法庇护,除提交《人身安全

二、家庭法律实务100问

保护令申请书》之外，还需要将遭受家暴的相关证据一并提交。若受害人是无民事行为能力人、限制民事行为能力人，或者因施暴人恐吓威胁、强制的，或因突发公共卫生事件期间交通限制等原因无法自行申请的，受害人的近亲属、公安机关、妇女儿童联合会、居民委员会、村民委员会以及救助管理机构等均可代为申请。

（二）继承

问题3：突发公共卫生事件期间，危机情况下订立的遗嘱效力如何认定？

答：目前，《中华人民共和国继承法》（以下简称为《继承法》）第十七条中，一共规定了五种法定遗嘱形式：自书遗嘱、公证遗嘱、代书遗嘱、录音遗嘱和口头遗嘱。

公证遗嘱具有最高效力，根据《继承法》第二十条规定："自书、代书、录音、口头遗嘱，都不得撤销、变更公证遗嘱。"由于突发公共卫生事件期间处于封锁状态，被感染的患者难以到公证处进行遗嘱公证，公证人员也难以到现场办理，公证机关相关服务可能会受到影响。在公证前，遗嘱人需要提前致电公证处询问预约；对于患者而言，自书遗嘱是较为合适的方式，程序最为简捷，也不需要见证人。但对于病重或其他无法书写的人而言，则无法选择这一方式。代书遗嘱、录音遗嘱、口头遗嘱有着较为严格的形式要求，均要求两个以上的见证人在场见证，口头遗嘱还要求立嘱人处于危急情况。

《继承法》第十八条规定："下列人员不能作为遗嘱见证人：（一）无行为能力人、限制行为能力人；（二）继承人、受遗赠人；（三）与继承人、受遗赠人有利害关系的人。"因此患者如有条件，

可请两名以上无利害关系的医护人员或其他人员作为见证人订立遗嘱。如果遗嘱人希望遗嘱被认定有效的可能性提高，可以采取多种遗嘱方式并用，为遗嘱的有效性提供证明，如书写时同时录音、录像，提供更多证据证明遗嘱的效力。

实践中，法院认定遗嘱的效力时，着重于遗嘱人的真实意思是否达到了确信的程度。对于遗嘱效力的确定，如果存在不影响认定遗嘱人真实意思的形式要件瑕疵（比如缺少订立遗嘱的日期），也可以认定该遗嘱有效。

问题4：在突发公共卫生事件期间，援助的医生在动身前立下了遗嘱，在突发公共卫生事件结束，安全返回后，该遗嘱还是否有效？

答：根据《继承法》第二十条规定："遗嘱人可以撤销、变更自己所立的遗嘱。"遗嘱的变更或撤销有两种形式：明示的方式和推定的方式。

明示的方式是指遗嘱人以明确的意思表示变更或撤销已经订立遗嘱的全部或部分内容，例如以书面形式明确说明遗嘱变更或撤销。遗嘱人以明示方式撤销、变更遗嘱时，须依照继承法相关规定和程序要求作出。

推定的方式是指下列情形：

（1）后嘱代前嘱。《继承法》第二十条规定："立有数份遗嘱，内容相抵触的，推定遗嘱变更或撤销，以最后的遗嘱为准。自书、代书、录音、口头遗嘱，不得撤销、变更公证遗嘱。"需要注意的是，如果遗嘱人需要变更或撤销原公证遗嘱，仍需原公证机关办理，否则，公证遗嘱无法变更或撤销。

（2）财产变更导致遗嘱变更。《最高人民法院关于贯彻执行〈中华人民共和国继承法〉若干问题的意见》规定："39.遗嘱人生前的行为与遗嘱的意思表示相反，使遗嘱处分的财产在继承开始前灭失、部分灭失或者所有权转移、部分转移的，遗嘱视为被撤销或部

分被撤销。"

（3）对遗嘱进行销毁。遗嘱人生前故意销毁或毁坏之前立下的遗嘱，则该遗嘱推定为撤销。不过这一方式还在学界存在着争议，特别是公证遗嘱，是不能以此撤销或变更的。

因此，援助医护人员返回后，需要做出上述行为，才能合法有效地变更或撤销遗嘱。如果没有做出上述的任何行为，那么将以其立下的遗嘱为有效遗嘱。

问题5：在突发公共卫生事件中，因继承发生了变化，遗嘱人欲修改公证遗嘱，该如何进行？

答：要撤销和变更公证遗嘱，也要使用公证的方式。《中华人民共和国公证法》（以下简称《公证法》）详细规定了遗嘱的公证程序，根据该规定，遗嘱公证程序包括四步。

第一步，遗嘱人本人申请。根据《中华人民共和国公证法》第二十五条规定："自然人、法人或者其他组织申请办理公证，可以向住所地、经常居住地、行为地或者事实发生地的公证机构提出。"

第二步，公证机构受理。对于属于本公证机构管辖，并符合《遗嘱公证细则》中的申请条件，公证机构应当受理该申请。

第三步，公证机构审查。公证处应当按照《公证法》第二十八条的规定："公证机构办理公证，应当根据不同公证事项的办证规则，分别审查下列事项：（一）当事人的身份、申请办理该项公证的资格以及相应的权利；（二）提供的文书内容是否完备，含义是否清晰，签名、印鉴是否齐全；（三）提供的证明材料是否真实、合法、充分；（四）申请公证的事项是否真实、合法。"

第四步，经审查无误后，出具公证书。

以新冠肺炎疫情为例，这一突发公共卫生事件期间，采取的防控措施可能使公路、街道等处于封锁状态，被感染的患者或者其他遗嘱人难以到公证处现场办理遗嘱公证，或者无法请公证人员到现场办理；公证机关相关服务也可能会受到影响。建议此情形下提前

致电公证处询问、预约，寻求帮助。如不是处于紧急情况下，建议在事件结束后前往公证处办理。

问题6：附义务的遗嘱中，因突发公共卫生事件而被采取防控措施和应急处置措施无法履行相应的义务，履行义务一方接受遗产的权利能否被取消？

答：根据《继承法》第二十一条的规定："遗嘱继承或者遗赠附有义务的，继承人或者受遗赠人应当履行义务。没有正当理由不履行义务的，经有关单位或者个人请求，人民法院可以取消他接受遗产的权利。"关于何为正当理由，参照《最高人民法院关于适用〈中华人民共和国民事诉讼法〉的解释》第四百六十条第一款的规定，不可抗力是正当理由的一种情形。因此，在突发公共卫生事件中被采取防控措施和应急处置措施无法履行相应义务的，其接受遗产的权利不能被取消。

问题7：突发公共卫生事件期间对于事实遗赠扶养关系如何认定？

答：根据《继承法》的相关规定，目前法律只认定书面遗赠扶养协议。对于事实遗赠扶养关系能否成立的问题在学理上探讨较多，审判实践中也有相关的内容。

从实践中法院的认定情况来看，尽管当事人未有正式的书面遗赠扶养协议，但如果有充分的相关证据，如信件、表述以及当事人的相关行为，也可以认定双方有相关的意思表示。如上海市嘉定区人民法院于2014年审理了一起事实遗赠扶养关系的案件〔（2014）嘉民一（民）初字第8027号"董某某与王某某所有权确认纠纷"判决书〕，尽管案件中原告未与被告母亲签订书面的遗赠扶养协议，但根据原告提交的为照顾被告母亲生活所支付的费用收据、为被告母亲办理生后事宜的相关证明等材料，切实履行了扶养义务，原告与被告母亲之间形成了事实上的遗赠扶养关系，并且，被继承人即

被告母亲生前通过向有关组织提交书面申请的方式明确表示与原告签订协议的意愿，虽然事后双方未签订或协议未经公证，但事实上确实形成遗赠扶养关系，法院予以支持。

是否具备事实上的遗赠扶养关系是对被继承人的个人意志的推定，并且，根据《继承法》第五条："继承开始后，按照法定继承办理；有遗嘱的，按照遗嘱继承或者遗赠办理；有遗赠扶养协议的，按照协议办理。"扶养人的受遗赠权利是优先于法定继承权的，可能会与法定继承人造成利益上的冲突，因此认定具有遗赠扶养关系时，需要扶养人尽到全部的扶养义务以及有较为充分的证据。

问题8：突发公共卫生事件期间，受遗赠人因被采取防控措施，在两个月内没有做出接受的意思表示的，是否视为放弃接受遗赠？

答：根据《继承法》第二十五条的规定，以新冠肺炎疫情为例，在这一突发公共卫生事件期间，解决该问题需要确认受遗赠人在被采取防控措施期间，是否知道该遗赠事实。因而需要分为两种情形进行讨论。

其一，若受遗赠人已知该遗赠，则视为放弃接受遗赠。《继承法》第二十五条中规定的"应当在知道受遗赠后两个月内"的"两个月"属于除斥期间。除斥期间是指法律规定的某种权利的存续期间。权利人在此期间内不行使相应的权利，该权利将在法定期间届满时消灭。需要注意的是，除斥期间属于不变期间，不因任何事由中止、中断或者延长。除斥期间的计算是自相应的实体权利成立之时起计算，因此受赠人必须自知道该遗赠之时起的两个月内做出是否接受遗赠的意思表示。当受遗赠人在知道的两个月内没有做出任何表示时，则认为除斥期间届满，接受遗赠的权利消灭，视为放弃接受遗赠。

其二，若受遗赠人未知该遗赠，则不视为放弃接受遗赠。遗赠需要充分尊重相关当事人的真实意思表示，既需要遗赠人做出表示，亦需要受遗赠人做出是否接受的表示。《继承法》第二十五条规定

了受遗赠人应当在知道受遗赠后两个月内做出表示，其核心便是在于保护受遗赠人的知情权，如果在受遗赠人毫不知情的情况下消灭其权利，这是对其权利的侵犯。因此，除斥期间是从受遗赠人应当知道该遗赠时开始计算的，所以虽然受遗赠人没有做出任何的意思表示，但不能视其为放弃接受遗赠。

问题9：在突发公共卫生事件期间，发生工伤死亡，其死亡赔偿金是否属于遗产？

答：本问题的核心在于明确工亡赔偿金的性质。

根据《继承法》第三条的规定："遗产是公民死亡时遗留的个人合法财产。"因此遗产是产生于死者死亡之前的，是公民生前合法取得并在其死亡时仍然现实存在的财产。而工亡赔偿金，根据《工伤保险条例》第三十九条和《最高人民法院关于审理人身损害赔偿案件适用法律若干问题的解释》第十七条的规定，它是基于公民人身受到侵害而对其近亲属所支付的赔偿，是根据《工伤条例》等法规的规定，在职工因工死亡后，其近亲属按照法规规定的分配原则从工伤保险基金中领取丧葬补助金、供养亲属抚恤金和一次性工亡补助金。

工亡赔偿金是针对死者的近亲属在物质上与精神上的补偿，该赔偿金的所有者是死者的近亲属，并非死者所有。工亡赔偿金并非死者生前所获取的财产，该财产所有人是死者的近亲属。因此工亡赔偿金的性质是近亲属的财产，不属于遗产，不能进行遗产分割。

问题10：在突发公共卫生事件中，被保险人死亡的，其人身保险金是否属于遗产？

答：保险金的权利主体是被保险人。根据《中华人民共和国保险法》第四十二条及《最高人民法院关于保险金能否作为被保险人遗产的批复》中的规定可知，被保险人死亡之后，其人身保险金应否给付于受益人，受益人应否享有获得该笔保险金的权利，取决于

保险单中是否指定了受益人或受益人能否确定,受益人是否先于被保险人死亡,受益人是否丧失受益权和放弃受益权。

如果被保险人死亡后,保险单中,被保险人并没有指定受益人或者受益人不能具体确定的,受益人先于被保险人死亡,没有其他受益人的,或者受益人依法丧失或放弃受益权,例如受益人故意造成被保险人死亡、故意杀害被保险人未遂的,该受益人丧失受益权。符合以上情形时,被保险人死亡后,该人身保险金应当作为被保险人的遗产,根据《继承法》的有关规定,由被保险人的继承人继承,保险人依法向继承人履行给付保险金的义务。

问题11:在突发公共卫生事件期间,被继承人死亡,其遗产中有专利权、著作权时,该部分如何进行继承?

答:根据《继承法》第三条规定:"遗产是公民死亡时遗留的个人合法财产,包括公民的著作权、专利权中的财产权利。"但专利权、著作权属于知识产权的范畴,对于知识产权的继承,我国法律法规有着特别的规定,需要注意的是,继承人继承的仅是财产权利,人身权利如署名权等不在继承范围内。

在专利权人死亡后,专利权按照《继承法》的规定进行继承,若专利申请权人或专利权人在生前立有遗嘱,并在遗嘱中将自己的专利申请权、专利权进行了处分,那么就应当按照遗嘱的内容进行继承。此外,专利申请权、专利权还可以依遗嘱人生前与扶养人订立的遗赠扶养协议转移给扶养人。

若专利权人没有立遗嘱进行处分,在这种情况下,专利权要按照法定继承人的范围、顺序和份额进行继承。在继承人有数人时,可以将专利权平均分配,但此时会出现专利权的共同共有问题,也可以将专利权归属于一人,由该继承人补偿其他继承人应得份额的价款。但需要注意的是,专利权中的人身权利,如专利署名权,并不在继承的范围内。在没有继承人时,应依照《继承法》第三十二条:"无人继承又无人受遗赠的遗产,归国家所有;死者生前是集体所

有制组织成员的，归所在集体所有制组织所有。"

著作权的继承，由《中华人民共和国著作权法》第十九条可知，著作权人死亡后，其非人身性的著作权在保护期内，依照继承法的规定转移。若著作权人就著作权的继承问题于生前立下遗嘱或与扶养人订有遗赠扶养协议，那么著作权就归属于遗嘱继承人、遗赠人或扶养人。同样，著作权中如发表权、署名权、修改权等人身权利不得继承，但《中华人民共和国著作权法实施条例》（以下简称为《著作权法实施条例》）第十七条规定："若作者生前未明确表示不发表，作者死亡后50年内，其发表权可由继承人或者受遗赠人行使；没有继承人又无人受遗赠的，由作品原件的所有人行使。"

若著作权人生前没有对著作权进行处分，在这种情况下，著作权按照法定的继承人的范围、顺序和份额进行继承。若没有法定继承人，一般情况下依照《继承法》第三十二条："无人继承又无人受遗赠的遗产，归国家所有；死者生前是集体所有制组织成员的，归所在集体所有制组织所有。"但在《著作权法实施条例》第十四条中规定："合作作者之一死亡后，其对合作作品享有的著作权法第十条第一款第五项至第十七项规定的权利无人继承又无人受遗赠的，由其他合作作者享有。"此外，在该法第十五条中规定："作者死亡后，其著作权中的署名权、修改权和保护作品完整权由作者的继承人或者受遗赠人保护。著作权无人继承又无人受遗赠的，其署名权、修改权和保护作品完整权由著作权行政管理部门保护。"

问题12：如果父母负债，在突发公共卫生事件中去世，债务应如何处理？

答：根据《继承法》与《最高人民法院关于贯彻执行〈中华人民共和国继承法〉若干问题的意见》的规定，在继承开始后、被继承人的遗产分割前，应首先为有缺乏劳动能力又没有生活来源的继承人保留适当遗产后，再进行债务的清偿。即便遗产不足以清偿债务，

也应为其保留适当遗产。因此父母去世,孩子缺乏劳动能力又没有生活来源,理应为其保留适当遗产,保障孩子的健康成长。

保留必要份额后,应以被继承人遗产的实际价值为限,清偿被继承人生前应缴的税款和债务,清偿完毕后再进行遗产分割。超过遗产实际价值的债务部分被继承人并不需要偿还,但也可以自愿清偿。如果继承人放弃继承,对被继承人依法应当缴纳的税款和应当清偿的债务则不承担偿还责任。

如果遗产在清偿债务前就已经分割完毕的,首先应当由法定继承人用其所继承的财产进行清偿,不足的部分,由遗嘱继承人和受遗赠人按照继承的比例进行偿还;如果只有遗嘱继承人和受遗赠人,则直接由遗嘱继承人和受遗赠人按照继承的比例偿还。

问题13:一家人在突发公共卫生事件中死亡,不能确定死亡先后时间,其继承顺序如何确定,如何分割?

答:以一个案例为基础进行分析:老甲与其子甲大、甲二均因新冠肺炎感染死亡,不能确定死亡先后时间。老甲有妻乙,有房屋一套,银行存款200万元;甲大与丙育有一子丁,有银行存款80万元;甲二未婚,银行存款20万元。

根据《最高人民法院关于贯彻执行〈中华人民共和国继承法〉若干问题的意见》规定:"2.相互有继承关系的人在同一事件中死亡,如不能确定死亡先后时间的,推定没有继承人的先死亡。死亡人各自都有继承人的,如果几个死亡人辈分不同,推定长辈先死亡;几个死亡人辈分相同,推定同时死亡,彼此不发生继承关系,由他们各自的继承人分别继承。"本案中,三位死者均有法定继承人,推定长辈先死亡,具体分割则依照《继承法》第九条到第十五条规定进行。

本案中,老甲作为甲家的长辈,推定老甲先死亡,其财产应先进行夫妻共同财产分割,即先析产后继承,分出老甲的个人财产100万元和半幢房屋作为遗产,由甲大、甲二、丁、乙共同继承。

需要注意的是,《继承法》第十二条规定:"丧偶儿媳对公、婆,丧偶女婿对岳父、岳母,尽了主要赡养义务的,作为第一顺序继承人。"因此本案中若丙对老甲尽了主要的赡养义务,则作为第一顺序继承人。甲大的财产按夫妻共同财产分割后,分出甲大的遗产40万元由甲大的法定继承人丙、丁和乙共同继承;甲二的遗产20万元由甲二的法定继承人乙继承。

问题 14:某人因新冠肺炎疫情这一突发公共卫生事件死亡,照料该人的继承人之外的人,能否分得遗产?

答:《继承法》第十四条规定:"继承人以外的对被继承人扶养较多的人,可以分配给他们适当的遗产。"但法律上对于继承人以外的人,以及对被继承人"扶养较多"的定义没有明确的界定。目前,《最高人民法院关于贯彻执行〈中华人民共和国继承法〉若干问题的意见》对扶养程度作出了规定:"30. 对被继承人生活提供了主要经济来源,或在劳务等方面给予了主要扶助,应当认定其尽了主要赡养义务或主要扶养义务。"因此,该意见中的"对被继承人生活提供了主要经济来源或在劳务等方面给予了主要扶助"可作为"扶养较多"含义的参考。

江苏省南京市中级人民法院曾有一类似案例〔(2015)宁民终字第 2447 号判决书〕可供参考:黄某与陈某系朋友关系,黄某多年来一直对陈某照顾有加。后因陈某身体渐差,在陈某要求下,黄某将陈某送至南京市福利院。陈某在福利院居住期间,黄某经常看望老人,并为陈某办理后事。法院认为,陈某生前无直系亲属在旁照顾,黄某作为其朋友,在陈某生前对其照顾较多,不仅在生活起居上进行了照料,在精神上也对陈某进行了慰藉,在其身故后亦承担了丧葬的义务。对老年人的扶养并不仅限于财物的供养、劳务的扶助,更重要的是精神上的陪伴与抚慰。判决黄某可以分得陈某的部分遗产。

综合上述内容,"扶养较多"并不仅限于经济来源的提供和劳务的扶助,司法实践对其的界定采用综合判断的方式。生活起居的

二、家庭法律实务100问

照料以及精神上的陪伴和抚慰等也可作为"抚养较多"的考虑因素。若照料者属于长期照料的情形,即在疫情发生前就持续性地、长期地对某人的生活起居、病情等进行了护理和照料,可以视为"扶养较多"的情形,依据《继承法》第十四条规定适当分得某人遗产;若照料者仅在此疫情期间对某人进行了照护和料理,考虑到此次疫情突发性和传染性的特点,照料者需要承担更大的风险,对某人而言,除了生理上的扶助外,疫情期间的照料更有精神上的抚慰与陪伴意义,从法理和情理的双重角度判断,可以按照《继承法》第十四条规定适当分得某人遗产。

问题15:某人在突发公共卫生事件中死亡,除侄子外没有其他亲人,并在情况紧急下没有立遗嘱(遗赠),也未订立遗赠扶养协议,那么某人的侄子能否获得其财产?

答:某人在突发公共卫生事件中死亡,没有立遗嘱(遗赠),也未订立遗赠扶养协议,未满足遗嘱继承和遗赠扶养继承的前提,根据《继承法》第五条规定的继承方式,在没有遗嘱(遗赠)和遗赠扶养协议的情况下,只能进行法定继承,其遗产由其法定继承人继承。

法定继承中,《继承法》第十条规定:"遗产按照下列顺序继承:第一顺序:配偶、子女、父母。第二顺序:兄弟姐妹、祖父母、外祖父母。继承开始后,由第一顺序继承人继承,第二顺序继承人不继承。没有第一顺序继承人继承的,由第二顺序继承人继承。"由该法条可知,在法定继承人范围和继承顺序中,侄子并不属于法定继承人的范围。虽然《民法典继承编(草案二审稿)》第九百零七条第二款规定:"被继承人的兄弟姐妹先于被继承人死亡的,由被继承人的兄弟姐妹的子女代位继承。"即某人的侄子可以通过代位继承获得其财产,但是《民法典继承编(草案二次审议稿)》并未正式通过,无法发生法律效力。因此,根据现行法律规定,一般情况下某人的侄子还是无法通过法定继承获得其遗产。

需要注意的是，在符合某些条件时，法定继承以外的人可以突破法定继承人的范围和顺序。根据《继承法》第十四条中酌情分得遗产权的规定，在法定继承人范围以外的人突破法定范围，酌情分得被继承人的遗产需要具备以下两种情况之一：（1）此人缺乏劳动能力且没有生活来源，完全依靠被继承人的扶养；（2）此人对被继承人扶养较多。因此，若侄子符合以上两种情况之一即可分得某人适当的遗产；若不符合以上两种情况之一则无法取得某人的遗产，该笔遗产须按照《继承法》第三十二条的规定作无主遗产处理，归国家或死者生前所在集体所有制组织所有。

问题16：在新冠肺炎疫情这一突发公共卫生事件期间，一子在外打工，已有相关症状，仍返回家中，致父母染病，甚至致其死亡，是否可以取消该子的继承权？

答：不可以。《继承法》第七条对继承权的丧失作出了明确规定，继承权的丧失只有法定的四种情形：（一）故意杀害被继承人的；（二）为争夺遗产而杀害其他继承人的；（三）遗弃被继承人的，或者虐待被继承人情节严重的；（四）伪造、篡改或者销毁遗嘱，情节严重的。

在此案例中，后三种情形并不满足案件的实际情况，由此我们需要对是否符合第一条进行探讨，即是否符合故意杀害被继承人的情形。根据《最高人民法院关于贯彻执行〈中华人民共和国继承法〉若干问题的意见》的规定："11.继承人故意杀害被继承人的，不论是杀人既遂还是未遂，均应确认其丧失继承权。"判断是否属于故意杀害被继承人的情形最重要的是确定继承人在主观上是否具有杀人的故意。

故意杀人的故意是指在主观上有非法剥夺他人生命的故意，即明知自己的行为会发生他人死亡的危害后果，并且希望或者放任这种结果的发生。对此案进行分析可知，虽然其父母是因为儿子染病甚至最终导致了死亡，但其儿子主观上并不具有杀害父母的故意。

二、家庭法律实务100问

尽管其子在发现自己有相关感染症状时仍然返回家中是持一种故意的态度,但"故意"主观上是出于对疾病的恐惧或隐瞒疾病的故意而非杀人的故意,其并非企图恶意传播传染病致父母死亡,且该病情并不必然导致死亡,不具有杀人的主观意图,不符合丧失继承权的法定条件。

问题17:一家人因为突发公共卫生事件而去世,财产中有房产、存款、债务,如何分割?如何继承?

答:其一,此家人若还有其他继承人,则由其继承人继承。继承人包括法定继承人、遗嘱(遗赠)继承人、遗赠扶养人等。依据《继承法》第五条规定:"继承开始后,按照法定继承办理,有遗嘱的,按照遗嘱继承或者遗赠办理;有遗赠扶养协议的,按照协议办理。"若该家人生前与扶养人签订遗赠扶养协议,则依照协议处理财产问题;若没有签订遗赠扶养协议,有遗嘱(遗赠)且遗嘱(遗赠)有效,则按照遗嘱(遗赠)继承或者遗赠办理;既没有遗赠扶养协议也没有遗嘱(遗赠)的,则依照法定继承办理(法定继承相关法律依据见于《继承法》第九条到第十五条)。

其二,此家人没有法定继承人、没有遗嘱(遗赠)、没有签订遗赠扶养协议,遗产的处理要具体情况具体分析:

(1)对于存款的处理。此家人去世后,没有法定继承人、没有遗嘱(遗赠)、没有签订遗赠扶养协议,将按照《中国人民银行关于执行〈储蓄管理条例〉的若干规定》第四十条规定:"存款人死亡后,无法定继承人又无遗嘱的,经当地公证机关证明,按财政部门规定,全民所有制企事业单位、国家机关、群众团体的职工存款,上缴国库收归国有。集体所有制企事业单位的职工,可转归集体所有。此项上缴国库或转归集体所有的存款都不计利息。"的规定进行处理。

(2)对于房产的处理需区分两种情况。该家人去世之后,若房产还有贷款尚未还清,依据《中华人民共和国担保法》等相关法律,

银行将通过拍卖该房产的方式来偿还剩余贷款。偿清贷款后，还有剩余则作为存款进行处理。若房产并没有贷款，那这些财产将被认定为无主财产。依据《继承法》第三十二条："无人继承又无人受遗赠的遗产，归国家所有；死者生前是集体所有制组织成员的，归所在集体所有制组织所有。"

（3）对于债务的处理。该家人去世之后，其遗产按照无主财产归国家或者集体所有制组织所有。同时，取得该遗产后的国家或者集体所有制组织，应尽到偿还债务的义务，对死者生前所欠下的债务进行清偿，但清偿范围为该笔遗产的实际价值范围。超出遗产实际价值范围的，不需要偿还。

问题18：有限责任公司股东在突发公共卫生事件中去世，其所持股份如何处理？

答：根据《继承法》第三条的规定，可以继承的遗产范围包括公民的其他合法财产。在《最高人民法院关于贯彻执行〈中华人民共和国继承法〉若干问题的意见》规定："3. 公民可继承的其他合法财产包括有价证券和履行标的为财物的债权等。"因此，股份属于可以继承的财产。

但是，股份的可继承并不意味股东资格的取得。由于有限责任公司具有较强的人合性质，根据《中华人民共和国公司法》（以下简称《公司法》）第七十五条的规定："自然人股东死亡后，其合法继承人可以继承股东资格；公司章程另有规定的除外。"可见，只要公司章程对股东资格继承作出了特殊规定，合法继承人在不符合特殊规定的前提下不能直接取得股东资格。

因此，有限责任公司股东在突发公共卫生事件中去世后，其所持股份能够被继承人所继承，并能够根据所持股份参与公司红利的分配，但是并不一定能够取得股东资格，具体情况应当考察公司章程的规定。

问题19：在突发公共卫生事件中，如果家庭中有人不幸去世，对于其所拥有的公司股权如何进行法定继承？可以由谁继承？应当按怎样的顺序继承？

答：股权继承是指自然人股东死亡后，其合法继承人继承股东资格行使股东权利的继承，由于有限责任公司的股权具有人合性，股权继承需按照《公司法》《继承法》等有关规定执行。若公司章程作出了特殊规定，则按其规定。

在确定可以继承股东资格的情况下，根据《继承法》第十条规定："遗产按照下列顺序继承： 第一顺序：配偶、子女、父母。 第二顺序：兄弟姐妹、祖父母、外祖父母。"同时，根据《继承法》第十二条的规定："丧偶儿媳对公、婆，丧偶女婿对岳父、岳母，尽了主要赡养义务的，作为第一顺序继承人。"其中，子女的范围包括：婚生子女、非婚生子女、养子女和有扶养关系的继子女。父母的范围包括：生父母、养父母和有扶养关系的继父母。兄弟姐妹的范围包括：同父母的兄弟姐妹、同父异母或者同母异父的兄弟姐妹、养兄弟姐妹、有扶养关系的继兄弟姐妹。

继承开始后，公司股权由第一顺序继承人共同继承，第二顺序继承人不继承。没有第一顺序继承人继承的，由第二顺序继承人继承。同一顺序的继承人应当本着互谅互让，和睦团结的精神，协商处理继承中出现的问题。协商不成时，可以由人民调解委员会进行调解，或者向人民法院提起诉讼。

此外，根据《继承法》第十一条："如果被继承人的子女先于被继承人死亡的，由被继承人的子女的晚辈直系血亲代位继承。代位继承人一般只能继承他的父亲或者母亲有权继承的遗产份额。"

问题20：有限责任公司股东因突发公共卫生事件去世，其配偶该如何继承其在公司的权益？

答：股东权益包括财产权益和人身权益。财产权益是股东基于股权所获得的财产收益，例如分红等。人身权益则是基于股东资格

而享有的参与公司经营管理的权利。根据《继承法》和《公司法》的规定，继承人可以继承股东财产收益和股东资格。

对于配偶该如何继承去世股东在公司的财产收益问题，应依据需根据具体情况具体讨论：

（1）若该股东与其配偶书面约定婚姻关系存续期间所得的财产以及婚前财产归属，则依据《婚姻法》第十九条的规定，按照约定处理；

（2）在没有财产约定的前提下，若该股东在婚前以其个人财产投资入股，根据《婚姻法》第十七条、十八条及《最高人民法院关于适用〈中华人民共和国婚姻法〉若干问题的解释（二）》第十一条的规定，股东婚前股权所获得的财产收益为个人财产，婚后股权所产生的财产收益应当作为夫妻共同财产。在继承前，需要对夫妻共同财产进行分割；

（3）在没有财产约定的前提下，该股东是在夫妻婚姻关系存续期间投资入股的，该股权财产收益视为夫妻共同财产，可进行析产分割。

对于配偶该如何继承去世股东在公司的股东资格问题，根据《公司法》第七十五条规定："自然人股东死亡后，其合法继承人可以继承股东资格；但是，公司章程另有规定的除外。"因此，若公司章程无特殊规定，作为合法继承人的配偶可依据《公司法》的相关规定继承其股东资格。若依据公司章程规定，配偶无法继承股东资格的，则应以该股权的对价予以支付。

问题21：夫妻一方因突发公共卫生事件去世，生前在遗嘱中写明由另一方继承其在有限责任公司的股权，那么另一方是否能直接继承该股权，成为公司股东呢？

答：股权的继承不等于股东资格的取得。《公司法》第七十五条规定："自然人股东死亡后，其合法继承人可以继承股东资格；但是，公司章程另有规定的除外。"《公司法》第七十一条对股权

转让作出了明确规定。因此无论有无遗嘱，都必须遵守《公司法》的规定并根据公司章程要求进行继承。

在现实中，公司为了股权结构的稳定性，防止由于股东死亡而造成的继承、转继承、代位继承等法律问题影响公司的经营管理，通常会在公司章程中对股权继承问题进行相应的规定。遗嘱有无，只决定继承人内部的继承关系，并不能直接使继承人成为公司的股东，继承其股权。不过需要指出的是，由于公司的股权兼具人身性与财产性，因此继承人对于股权中财产性权利的继承不可被剥夺，股权包含的财产价值是继承人由死亡股东处继承的法定权利。

问题22：有限责任公司股东在突发公共卫生事件中去世，公司章程禁止股权继承的，合法继承人应如何维权？

答：《公司法》第七十五条规定："自然人股东死亡后，其合法继承人可以继承股东资格；公司章程另有规定的除外。"由于有限责任公司的人合性，对股东资格的要求较高，在公司章程对股东资格继承作出了特殊规定的情况下，合法继承人在不符合特殊规定的前提下不能直接取得股权，只能依据《公司法》中股权转让的规定转让被继承人的股权从而获得财产继承。有限责任公司的股权转让遵循《公司法》的一般规定，需书面告知其他股东并保障其他股东的优先购买权。

股权转让的相关规定如下，《公司法》第七十一条规定："有限责任公司的股东之间可以相互转让其全部或者部分股权。股东向股东以外的人转让股权，应当经其他股东过半数同意。股东应就其股权转让事项书面通知其他股东征求同意，其他股东自接到书面通知之日起满三十日未答复的，视为同意转让。其他股东半数以上不同意转让的，不同意的股东应当购买该转让的股权；不购买的，视为同意转让。经股东同意转让的股权，在同等条件下，其他股东有优先购买权。"根据《公司法》第七十二条规定："人民法院依照法律规定的强制执行程序转让股东的股权时，应当通知公司及全体股东，其他股东在同等条件下有优先购买权。其他股东自人民法院

通知之日起满二十日不行使优先购买权的,视为放弃优先购买权。"

问题 23:有限责任公司一隐名股东因突发公共卫生事件死亡,其合法继承人能否向显名股东主张权利?

答:首先应当判断隐名股东与显名股东之间关于股权代持的协议是否有效。可以向显名股东主张权利的前提是股权代持协议合法有效。如该合同具有《中华人民共和国合同法》(以下简称《合同法》)第五十二条中合同无效的情形,则继承人不能向显名股东主张任何权利。

在《继承法》第三条中并未明确规定依据合同关系能够继承,如果代持协议中明确规定了隐名股东死亡后合同权利的继承问题,可直接依照约定行使。如果没有约定,则应当结合法理和实践进行考察。从法理上看,合同具有相对性,体现在合同中的权利义务只能赋予订立合同双方,合同只对合同当事人产生效力。但是,从维护交易便利和保障交易安全的角度来讲,对于纯属财产性质的合同(如买卖和租赁合同),一方当事人死亡的,不应影响合同的效力;对于人身依附性质的合同,一方当事人死亡的,合同效力自然终止。

在股权代持合同中,隐名股东依据股权代持协议,能够拥有公司股份产生的红利,这一部分红利属于其财产,属于合法继承人能够继承的范围。因此,股权代持协议作为财产性质的合同,在没有特殊约定的情况下,能够由合法继承人继承,继承人能够依据股权代持协议向显名股东主张股权代持协议所约定的权利。

问题 24:股权代持协议中,显名股东因突发公共卫生事件死亡,隐名股东应当如何主张权利?

答:在有限责任公司中,由于只有显名股东的名字记载于公司名册,股东的权利只能由显名股东行使,隐名股东的名字未被记载于公司名册,根据《公司法》第三十二条第二款的规定,不能行使股东权利。《公司法》第七十五条规定:"自然人股东死亡后,其合法继承人可以继承股东资格;但是,公司章程另有规定的除外。"

若公司章程另有规定的，显名股东所持股份应当根据股权转让的规则转让；若章程没有规定，其继承人可以成为公司股东。

(1) **显名股东继承人未取得股东资格此时继承人失去股权，根据股权转让对价获得了相应的金额。** 显名股东死亡后，其合同地位由其合法继承人继承，因此，隐名股东只能向显名股东的合法继承人主张权利。隐名股东可以根据股权代持协议中的规定，获得股权所对应的价款，具体分配方式和金额应当依股权代持协议中约定的份额确定。

(2) **显名股东继承人取得股东资格。**

在此种情况下，继承人完全继承了显名股东在公司的股东身份和股权代持协议中的当事人身份，应当依据股权代持协议约定继续履行其义务。根据《最高人民法院关于适用〈中华人民共和国公司法〉若干问题的规定（三）》第二十四条规定："有限责任公司的实际出资人与名义出资人订立合同，约定由实际出资人出资并享有投资权益，以名义出资人为名义股东，实际出资人与名义股东对该合同效力发生争议的，如无合同法第五十二条规定的情形，人民法院应当认定该合同有效。"在股权代持协议有效的基础上，当继承人不履行股权代持协议约定的义务时，隐名股东可起诉至法院寻求救济。

问题25：普通合伙企业中，一名合伙人因突发公共卫生事件去世，其继承人只有14岁，该如何继承其在合伙企业中的权益？

答：根据《中华人民共和国合伙企业法》（以下简称《合伙企业法》）第五十条第二款可知，继承人要取得合伙人资格需要具备法律规定的相关资格。而在《合伙企业法》第十四条中规定："普通合伙企业中，其合伙人为自然人的，需要具备完全民事行为能力。"在《民法总则》第十七条和第十八条中规定，完全民事行为能力人是指，18周岁以上的成年人或16周岁以上以自己的劳动收入作为自己生活来源的未成年人。根据《合伙企业法》第五十条第三款的规定："合伙人的继承人为无民事行为能力人或者限制民事行为能

力人的，经全体合伙人一致同意，可以依法成为有限合伙人，普通合伙企业依法转为有限合伙企业。全体合伙人未能一致同意的，合伙企业应当将被继承合伙人的财产份额退还该继承人。"若该继承人可以取得有限合伙人的资格，根据《民法总则》第十九条的规定，可以由其法定代理人代为行使其权利。若全体合伙人未能一致同意，被继承合伙人的财产份额应退还给该继承人。

问题 26：在突发公共卫生事件期间，某律师事务所的一名合伙人因病去世，其作为未成年人的继承人能否取得该合伙人的资格？

答：不能。根据《中华人民共和国律师法》（以下简称为《律师法》）第十五条第二款的规定，律师事务所是以普通合伙或者特殊的普通合伙的形式设立的。因此，其合伙人的继承要按照《合伙企业法》第五十条来进行，该条第二款中规定法律规定或者合伙协议约定合伙人必须具有相关资格，而该继承人未取得该资格的，合伙企业应当向合伙人的继承人退还被继承合伙人的财产份额。在法律上，对于律师事务所的合伙人资格有着严格的规定。

根据《律师事务所管理办法》第二十八条的规定："新合伙人应当从专职执业的律师中产生，并具有三年以上执业经历，但司法部另有规定的除外。"因此，律师事务所的合伙人应当是律师，而从《律师法》第二条规定得知："本法所称律师是指依法取得律师执业证书，接受委托或者指定，为当事人提供法律服务的执业人员。"《律师法》第六条中还规定，律师执业证书的申请需要具备国家统一法律职业资格证书。该考试则要求考生必须是完全民事行为能力人。因此，该未成年继承人无法取得律所合伙人的资格。

问题 27：合伙企业的有限合伙人因突发公共卫生事件去世，其继承人应如何继承其权益？

答：《合伙企业法》第八十条规定："作为有限合伙人的自然人死亡，其继承人可以依法取得其有限合伙人在有限合伙企业的资

二、家庭法律实务100问

格。"若该继承人拒绝取得有限合伙人的资格,那么则根据《合伙企业法》第四十八条第一款的规定,认为该有限合伙人当然退伙,以其在合伙企业中的财产份额作为遗产进行继承。并根据《合伙企业法》第八十一条的规定:"有限合伙人退伙后,对基于其退伙前的原因发生的有限合伙企业债务,以其退伙时从有限合伙企业中取回的财产承担责任。"

若该有限合伙人因突发公共卫生事件去世而当然退伙时,有限合伙企业的债务数额大于企业财产,则根据《合伙企业法》第五十四条的规定,按照第三十三条第一款的规定分担亏损。而根据《继承法》中第三十三条规定的有限继承原则,以及《合伙企业法》第八十一条的规定,该有限合伙人的继承人无需用继承被继承人的其他财产来分担亏损。

(三)监护

问题28:突发公共卫生事件中,未成年人的监护人(被采取防控措施或者应急处置措施的人员、封闭治疗环境中的医护人员等)无法履行监护义务,如何维护未成年人的权益?

答:根据《民法总则》及相关法律规定,设立监护的方式主要有:法定监护、遗嘱监护、指定监护和委托监护。就法定监护而言,未成年人的父母是其法定监护人。若父母因被采取防控措施或者应急处置措施而无法履行监护职责,可以以委托监护的方式将子女托付于其祖父母、外祖父母、兄、姐以及其他愿意担任监护人的个人或组织。若父母或其他监护人出现无法或无力监护的情况,必须向村(居)委会、民政部门寻求帮助,告知情况。

学校、幼儿园、托儿所、医疗机构、村(居)民委员会、社会工

作服务机构、未成年人救助机构、儿童福利机构及其工作人员，在工作中发现未成年人因监护人被采取防控措施或者应急处置措施而处于无人照看状态的，应及时与其监护人联系；无法与其监护人取得联系，或者监护人拒不委托他人代为监护的，应当立即向公安机关报告，由公安机关作出应急处置。若监护人实施《民法总则》第三十六条规定的行为，有关个人或者组织可以向人民法院申请撤销其监护人资格。在此次新冠肺炎疫情这一公共卫生事件发生后，民政部办公厅即下发了《关于做好因新冠肺炎疫情影响造成监护缺失的儿童救助保护工作的通知》（民电〔2020〕19号），国务院应对新型冠状病毒感染肺炎疫情联防联控机制也印发了《因新冠肺炎疫情影响造成监护缺失儿童救助保护工作方案》（国发明电〔2020〕11号），对监护缺失儿童的救助问题进行了说明。

问题 29：父母违反防控措施或者应急处置措施规定是否构成对未成年子女的监护失职，能否以此撤销其监护人资格？

答：新冠肺炎疫情这一突发公共卫生事件期间，有些父母违反相应的防控措施或者应急处置措施规定，未在此期间对子女履行妥善照顾职责，如带未成年子女去高风险地区、置未成年子女于危险境地、因恐慌伤害子女身体健康与生命安全等严重损害未成年子女合法利益的行为，可以根据《中华人民共和国未成年人保护法》（以下简称《未成年人保护法》）第五十三条、第六十二条，首先由居民委员会、村民委员会、公安机关等进行批评教育；经教育不改的，人民法院可以根据有关人员或者有关单位的申请，撤销其监护人的资格，依法另行指定监护人。被撤销监护资格的父母应当依法继续负担抚养费用。此外，若监护人实施了《民法总则》第三十六条规定的行为，如在突发公共卫生事件期间严重损害被监护人身心健康、怠于履行监护职责或者无法履行监护职责并且拒绝将监护职责部分或者全部委托给他人并导致被监护人处于危困状态时，人民法院可以根据有关个人或者组织的申请撤销监护人资格，并安排必要的临

二、家庭法律实务100问

时监护措施，按照最有利于被监护人的原则依法指定监护人。

问题30：突发公共卫生事件复工期间，学校延迟开学，双职工家庭对未成年子女的监护如何进行？

答：新冠肺炎疫情这一突发公共卫生事件期间，根据北京市人力社保局联合市教委发布的《关于因防控疫情推迟开学企业职工看护未成年子女期间工资待遇问题的通知》（京人社劳字〔2020〕13号）以及人力资源社会保障部办公厅《关于妥善处理新型冠状病毒感染的肺炎疫情防控期间劳动关系问题的通知》（人社厅明电〔2020〕5号）等相关文件，突发公共卫生事件复工期间，学校延迟开学，双职工家庭对未成年子女的监护有以下几方面内容。

第一，每户家庭可有一名职工在家看护未成年子女，职工看护未成年子女期间，视为因政府实施隔离措施或采取其他紧急措施导致不能提供正常劳动的情形，企业不得解除劳动合同，期间的工资待遇由职工所属企业按出勤照发。劳动合同到期的，顺延至政府防控措施或者应急处置措施结束。

第二，鼓励在家看护职工采用电话、网络等灵活办公方式提供劳动；职工提供了正常劳动，企业支付给职工的工资不得低于当地最低工资标准。

第三，鼓励职工之间调班轮休，发扬互助友爱精神，保证工作和生产正常运转。

第四，若父母或其他监护人出现无法或无力监护的情况，必须向村（居）委会、民政部门寻求帮助，告知情况。

问题31：有儿童医院规定在新冠肺炎疫情期间，孩子生病不允许家长陪护，目的是减少家属出入医院以及其他未知接触对孩子带来的风险，如果实在必要会做好登记，固定一位陪护人员。那么当孩子健康有问题时，父母是否需要承担法律责任？

答：根据《民法总则》第三十四条规定，父母是否要承担法

律责任，需要判断其是否履行了监护职责。此处分两种情形进行讨论。

其一，突发公共卫生事件下的监护职责。2020年1月21日，在国家健康卫生委发布的《中华人民共和国国家健康委员会公告》（2020年第1号）中规定："将新型冠状病毒感染的肺炎纳入了《中华人民共和国传染病防治法》（以下简称《传染病防治法》）规定的乙类传染病，并采取更严格的甲类传染病的预防、控制措施。"根据《传染病防治法》第三十九条规定："甲类传染病的预防、控制措施包括：（一）对病人、病原携带者，予以隔离治疗，隔离期限根据医学检查结果确定；（二）对疑似病人，确诊前在指定场所单独隔离治疗；（三）对医疗机构内的病人、病原携带者、疑似病人的密切接触者，在指定场所进行医学观察和采取其他必要的预防措施。拒绝隔离治疗或者隔离期未满擅自脱离隔离治疗的，可以由公安机关协助医疗机构采取强制隔离治疗措施。"

因此，该儿童医院的做法是符合相关法律规定的。其还规定必要情况下可以固定一名陪护人员，在父母作为陪护人的情况下，若父母在陪护的过程中未尽到监护职责而导致孩子的健康出现问题时，需要承担相应的法律责任。

其二，日常生活中的监护职责。由《最高人民法院关于贯彻执行〈中华人民共和国民法通则〉若干问题的意见（试行）》（以下简称《民通意见》）的规定可知："10.监护人的监护职责包括保护被监护人的身体健康。"

因此，在日常生活中，其父母因未尽到监护职责而导致孩子出现健康问题时，应当承当法律责任。

此外，根据《中华人民共和国侵权责任法》（以下简称《侵权责任法》）第五十四条规定的医疗损害责任可知，若孩子出现健康问题，是该医疗机构及其医务人员在诊疗过程中存在着过错，那么该儿童医院需要承担相应的赔偿责任。

二、家庭法律实务100问

问题 32：突发公共卫生事件期间，若监护人因贫穷等原因无法提供必要条件，满足未成年人的网络上课需求，该如何处理？法律上应由谁负责？

答：受突发公共卫生事件影响，学生可能无法返校进行正常的课堂学习。比如在这次新型冠状病毒肺炎期间，教育部于 2020 年 2 月 6 日发布《关于疫情防控期间以信息化支持教育教学工作的通知》（教技厅函〔2020〕7 号），对教育信息化工作、支持学校延期开学期间线上教学工作开展的相关事项进行了通知。2 月 12 日，教育部、工信部发布《关于中小学延期开学期间"停课不停学"有关工作安排的通知》（教基厅函〔2020〕3 号），要求各省统一部署与各地各校因地制宜实施相结合，支持帮助学生学习。各地也相继出台了相关文件，要求对线上教学的全过程实施做好相应的制度保障。

实际上，突发公共卫生事件期间各地学生"停课不停学"的核心是在于保障未成年人的受教育权，《未成年人保护法》和《中华人民共和国教育法》（以下简称《教育法》）对未成年人的受教育权作出了详细规定。结合相关法律法规，对问题进行如下分析：

（1）监护人职责

《未成年人保护法》第十三条规定："父母或者其他监护人应当尊重未成年人受教育的权利，必须使适龄未成年人依法入学接受并完成义务教育，不得使接受义务教育的未成年人辍学。"父母作为未成年人的监护人，理应履行监护职责，保障其正常开展网上学习，不得侵犯未成年人的受教育权。若父母实在无法提供相应的学习条件，在这种情况下，应及时向村（居）委会、学校或当地教育部门寻求帮助。

突发公共卫生事件期间，若监护人因贫穷等原因无法提供必要条件，满足未成年人的网络上课需求所体现的正是当前存在的矛盾，即教学环境的新变更与贫困家庭无法承担因变更而导致的费用的矛盾。网课的普及问题折射出贫困地区一些家长的无奈和无助。因此，对贫困监护人的问责须结合具体实际情况确定。但需要注意的是，

监护人应当积极主动地为未成年人发展提供必要的支持,而非消极不作为甚至故意侵害其权利,例如挪用教育补贴作他用,故意不让孩子学习,强迫孩子做高强度劳动等。

(2)政府责任

《民法总则》《未成年人保护法》《教育法》等各类法律法规均明确了人民政府应充分保护未成年人的受教育权不受侵犯的责任,政府应当努力营造良好的条件保障教育事业的有效运行。例如《未成年人保护法》第二十八条规定:"政府应当采取措施保障家庭经济困难的未成年人接受义务教育。"此外,在此次新型冠状病毒肺炎疫情中,教育部、财政部下发《关于做好新型冠状病毒感染肺炎疫情防控期间学生资助工作的通知》(教财司函〔2020〕30号),要求各地财政部门切实保障家庭经济困难学生基本学习生活需求。因此,政府有义务采取相关措施帮助学生正常接受线上教育,参与到课程学习中去。

在突发公共卫生事件的关键期,地方政府理应对教学组织情况和学生学习情况进行调查摸底,如河南省教育厅于3月2日下发《关于进一步做好中小学网上教学有关工作的通知》(豫教疫防办〔2020〕32号),要求全省各市县全面摸排教学情况、网上学习情况、学生学习条件等,不漏一人,并加强对高风险地区、贫困地区、偏远地区的困难家庭子女、防控一线人员子女等特殊群体学生的帮扶和指导。若对其不管不问,实际上是一种不作为、怠作为的为政情形,相关责任人理应被问责。

政府所承担的角色是十分重要的。首先,贫困家庭作为特殊群体,政府在解决贫困户问题时应当对其有特殊的帮扶方式,解决贫困户难题,尤其是对贫困户的生存权、子女受教育权、财产权等方面进行保障;其次,以点带面,在实施线上授课的同时应当考虑到特殊群体的利益;再次,对贫困户的基本普法还需加强;最后,公职人员的不作为甚至恶意侵犯贫困户权益理应遭到追责,如挪用教育专项扶贫资金等。

二、家庭法律实务100问

（3）学校与教师职责

根据相关法律规定，学校应当维护受教育者的合法权益，教师有关心、爱护学生，制止有害于学生的行为或者其他侵犯学生合法权益的行为的义务。因此，学校和教师有义务对学生的实际情况进行了解，对其是否能够正常接受线上教育作出评估，在上网课的同时密切关注学生动态。对确有困难的学生，学校及教师应当积极协调，主动上报，及时寻求有关部门为有困难的学生提供必要帮助，保护学生的合法权益不受侵犯。

（4）社会帮扶

根据《民法总则》《未成年人保护法》的有关规定，村民委员会、居民委员会作为基层群众性自治组织，应承担起对未成年人合法权益保护的责任。在其父母或者其他监护人不依法履行监护职责，或者侵害未成年人合法权益时，由其所在单位或者居民委员会、村民委员会予以劝诫、制止。村（居）委会还应积极创造有关条件，提供可以进行网络上课的场地，解决未成年人的受教育问题，尤其是义务教育阶段的学生，并配合好基层政府，对困难家庭提供必要的帮助。

问题33：突发公共卫生事件中，老年人如果在意定监护协议中约定了监护监督人，监督人如何履行监督职责？

答：意定监护是指具有完全民事行为能力的成年人，可以与其近亲属、其他愿意担任监护人的个人或者组织事先协商，以书面形式确定自己的监护人，协商确定的监护人在该成年人丧失或者部分丧失民事行为能力时，履行监护职责。此外，如果双方在意定监护协议中约定监护监督人的，监督人可以在监护人不履行、怠于履行监护职责或侵害被监护人权益时，代被监护人追究监护人的责任。

在实践中，由于意定监护在我国目前适用的范围还不是非常广泛，在意定监护中约定监护监督人的案例较少，2018年上海出现全国首个由居委会指派工作人员担任意定监护的监督人。由居委会对

意定监护进行监督具有一定的合理性，在突发公共卫生事件中具有相对便利性，居委会可以相对及时了解订立意定监护协议的老年人的身体情况、关注监护人履行监护职责的情况。

问题 34：突发公共卫生事件中老年人失智，如果有意定监护，需要在法院认定失智老人为无民事行为能力人后，意定监护人才开始履行监护责任吗？

答：通常情况下，根据双方所签订的意定监护协议来确定意定监护人监护职责履行开始之期。若协议未作具体规定，为了避免失智老人因无人监护造成损害后果，意定监护人应自老人失智之日起履行监护职责，即法律规定的监护原因出现后，意定监护人的监护职责即开始，并不是必须等待法院的最终认定。当然，如果对老人的行为能力有争议的，可根据《民法总则》第二十四条和《中华人民共和国民事诉讼法》（以下简称《民事诉讼法》）第一百八十七条规定，由其近亲属或利害关系人等向法院提交认定申请，利害关系人包括老人所在社区居委会、村委会、单位等。

问题 35：突发公共卫生事件中老年人失智，如果有意定监护，因防控措施或者应急处置措施，失智老人的意定监护人客观上无法履行监护职责的，如何处理？

答：确实无法履行监护职责的，意定监护人应当及时向监护监督人或失智老人的近亲属、所在社区居委会、村委会、当地民政部门取得联系，说明情况，请求帮助或救助，并通过视频连线、电话问候等方式常与老人联系或与相关救助组织询问老人近况，进行关怀，这也同样属于履行监护职责。需要注意的是，意定监护人在客观上无法亲自履行监护职责，临时委托他人代行相关职责时，有义务对他人的履职情况、被监护人的有关情况时刻关注，并对其负责。

若意定监护人未做任何临时委托便让失智老人独居在家，使其人身权利、财产权利等合法权益得不到有效的保障，其本身则是一

种监护失职行为，可以追究其责任。

问题36：突发公共卫生事件中老年人失智，如果有意定监护，失智老人的意定监护人以防控措施或者应急处置措施为借口不履行监护责任如何处理？

答：《民法总则》第三十四条规定："监护人不履行监护职责或者侵害被监护人合法权益的，应当承担法律责任。"意定监护人有保护监护人的人身权利、财产权利以及其他合法权益的职责，在因突发公共卫生事件客观上无法履行监护职责的，应当及时向监护监督人或失智老人的近亲属、所在社区居委会、村委会、当地民政部门说明情况，或者委托他人暂时代其履行相应职责。

意定监护人以防控措施或者应急处置措施为借口不履行监护协议的，如若意定监护协议未明确，不属于约定事由，且不属于解除监护关系的法定事由，可根据法律规定的监护职责和双方签署的意定监护协议，追究意定监护人的责任。

如被监护人此前在意定监护协议中约定了监护监督人的，意定监护监督人对于意定监护人的失职，应代被监护人追究监护人的责任。

问题37：突发公共卫生事件中老年人失智，如果有意定监护，其意定监护人的监护职责内容除了意定监护协议中约定的之外，还有哪些？

答：根据《民法总则》第三十四条、第三十五条以及《民通意见》规定，失智老人的意定监护人的法定监护职责主要有以下内容：

（1）**生活照顾**，由意定监护人负责照管老人的生活，包括亲自照顾、聘请保姆和入住养老院等。

（2）**医疗救治**，意定监护人应该保护老人的身体健康，定期进行体检。如果意定监护协议里对医疗救治标准有所约定，意定监护人可以按照老人的意愿和理念，对其医疗救治标准进行决定，实行医疗方案。

（3）**财产的保管**，由意定监护人保管老人的财产，用老人的财产来支付各项生活、医疗费用及监护人报酬等，但意定监护人除为维护被监护人利益外，不得处分被监护人的财产，不能进行高风险投资、占有己有、侵犯老人的财产权益。

（4）**权益维护**，包括但不限于在被监护人合法权益受到侵害或者与人发生争议时，代理其进行诉讼、进行非诉维权事务。

（5）**尊重被监护人真实意愿**，保障并协助被监护人实施与其智力、精神健康状况相适应的民事法律行为。对被监护人有能力独立处理的事务，监护人不得干涉。

除了法律规定和意定监护协议约定的监护职责外，突发公共卫生事件期间，失智老人的意定监护人还需要遵守相关防控措施和应急处置措施规定，若因防控措施或者应急处置措施客观上无法履行监护职责，参照问题35进行处理。

问题38：突发公共卫生事件中老年人失智，如果有意定监护，当意定监护人履行了监护职责，赡养人还需要履行赡养义务吗？

答：依据意定监护协议，意定监护人在老年人失智时，履行监护职责，由上一问题可知，其职责主要包括对被监护人进行监护，如照顾生活、医疗救助、管理财产、维护权益等内容，而在我国《中华人民共和国宪法》（以下简称《宪法》）、《民法总则》、《婚姻法》等法律中规定了子女要对父母履行赡养义务，赡养包括物质上的扶助和精神上的慰藉，如对父母进行经济上的供养、对父母进行探望等。由此可见，从主体、依据、具体内容等方面，意定监护职责与赡养义务就存在很多不同，比如赡养义务在精神慰藉方面有所要求，监护职责没有。因此，即使失智老人的意定监护人履行了相应监护职责，并不代表免去了老人赡养人的赡养义务。当失智老人的赡养人拒不履行赡养义务时，意定监护人可以要求其履行赡养义务，代理被监护人进行诉讼、维护被监护人的合法权益。

二、家庭法律实务100问

问题39：突发公共卫生事件期间如何解除或终止意定监护协议？

答：（1）**根据协议约定事项解除或终止**。如出现了协议约定的解除或终止情形：如出现合同期间届满、当事人死亡、意定监护人丧失民事行为能力以及被监护人恢复民事行为能力等情形时，意定监护协议可以解除或终止。

（2）**监护人履行监护职责不力**。当监护人在履行监护职责时出现《民法总则》第三十六条所规定的情形，人民法院可以根据有关个人或者组织的申请，撤销其监护人资格，安排必要的临时监护措施，并重新指定监护人。如果对老人的行为能力有争议的，根据《民法总则》第二十四条和《民事诉讼法》第一百八十七条规定，可由其近亲属或利害关系人向法院提交认定申请。

（3）**监护人丧失监护能力或监护人死亡**。根据《民法总则》第三十九条，监护人无法再履行监护职责时，监护关系即终止。监护关系终止后，被监护人仍然需要监护的，应当依法另行确定监护人。如意定监护协议对监护人丧失监护能力或监护人死亡的情形有相关规定的，按照协议有关规定。没有相关规定的，意定监护协议终止，依法另行确定监护人。

问题40：受新冠肺炎疫情这一突发公共卫生事件影响感染的病人是否可以签订意定监护协议，为自己确定监护人？

答：《民法总则》第三十三条规定："具有完全民事行为能力的成年人，可以与其近亲属、其他愿意担任监护人的个人或者组织事先协商，以书面形式确定自己的监护人。协商确定的监护人在该成年人丧失或者部分丧失民事行为能力时，履行监护职责。"因此，签订意定监护协议，需要满足以下几个条件：

第一，签订协议时，当事人必须是具有完全民事行为能力的成年人。《民法总则》第十七条至第二十二条对成年人、完全民事行为能力人、无民事行为能力人、限制民事行为能力人作出了相关规定。

第二，意定监护人可以是任何愿意担任监护人的个人或组织，只要符合订立双方的真实意思表示即可。

第三，必须以书面的形式确定自己的监护人。

因此，在精神智力正常、不存在认知障碍，能清楚表达其真实意思的情况下，对于成年病人，若其病情较轻甚至即将痊愈，并没有因疫情丧失自理能力，可以通过事先书面方式为自己确定监护人。如果病情危重，生活无法自理，不能辨认或者不能完全辨认自己行为，则认为已经丧失完全民事行为能力，不能为自己确定监护人。

问题 41：受新冠肺炎疫情这一突发公共卫生事件影响感染的病人可否成为未成年人的指定监护人？

答：依据《民法总则》第三十一条的规定："居民委员会、村民委员会、民政部门或者人民法院应当尊重被监护人的真实意愿，按照最有利于被监护人的原则在依法具有监护资格的人中指定监护人。"因此，要成为未成年人的指定监护人应满足以下条件：（1）尊重被监护人的真实意愿；（2）按照最有利于被监护人的原则；（3）依照《民法总则》第二十七条的规定具有监护资格，拥有监护能力。《民通意见》规定："11. 认定监护人监护能力，应当根据监护人的身体健康状况、经济条件，以及与被监护人在生活上的联系状况等因素确定。"

若突发公共卫生事件有较大的传染性，则需要采取防控措施或者应急处置措施，可能导致无法充分地履行监护职责，在此期间，不适宜成为未成年人的指定监护人。但在其康复后，若身体条件、经济条件、与监护人生活联系状况等方面均可以被认定为具有监护能力，同时在监护资格顺序上具有指定监护人身份的，可以成为未成年人的指定监护人。

（四）婚姻

问题 42：订婚后遇突发公共卫生事件，双方同意解除婚约，彩礼是否返还？

答：因解除婚约产生的财产纠纷应当依法处理，分情况讨论。

如果属于包办、买卖性质订立婚约并收取财物的，收取的财物应该返还。《婚姻法》第三条规定："禁止包办、买卖婚姻和其他干涉婚姻自由的行为，禁止借婚姻索取财物。"

如果属于骗婚行为的，根据《最高人民法院关于聘金或聘礼的几个疑义及早婚如何处理问题的复函》即伪装结婚骗取聘金、聘礼等财物的行为，解除婚约应当将所骗取的聘金、聘礼等财物全部退还受害人。在这一情况下，行骗者如构成犯罪的，需要承担刑事责任。

此外，对于婚前赠与的财产，根据《最高人民法院关于适用〈中华人民共和国婚姻法〉若干问题的解释（二）》第十条的规定："当事人请求返还按照习俗给付的彩礼的，如果查明属于以下情形，人民法院应当予以支持：（1）双方未办理结婚登记手续的；（2）双方办理结婚登记手续但确未共同生活的；（3）婚前给付并导致给付人生活困难的。"由此可见，男女双方若仅是订婚未办理结婚登记且未共同生活的，则女方应当返还男方给付的彩礼。但是，如果只是交往中礼节性的财物，如小额金钱、食品、衣物等价格不高的一般物品，不属于彩礼的范畴，通常来说，法院也不支持主张返还的。

问题 43：突发公共卫生事件期间未办理登记的同居男女相互之间是否有继承权？

答：首先应当确定同居行为的性质。根据《最高人民法院关于

适用〈中华人民共和国婚姻法〉若干问题的解释（一）》第五条规定："未按婚姻法第八条规定办理结婚登记而以夫妻名义共同生活的男女，起诉到人民法院要求离婚的，应当区别对待：1994年2月1日民政部《婚姻登记管理条例》公布实施以前，男女双方已经符合结婚实质要件的，按事实婚姻处理；1994年2月1日民政部《婚姻登记管理条例》公布实施以后，男女双方符合结婚实质要件的人民法院应当告知其在案件受理前补办结婚登记；未补办结婚登记的，按解除同居关系处理。"第六条规定："未按婚姻法第八条规定办理结婚登记而以夫妻名义共同生活的男女，一方死亡，另一方以配偶身份主张享有继承权的，按照本解释第五条的原则处理。"

现由于突发公共卫生事件导致婚姻登记暂停，同居男女无法及时办理婚姻登记。如果同居行为发生在1994年2月1日之前，并且双方已经符合结婚的其他实质要件，即可认定为事实婚姻关系，双方之间有继承权；如果同居行为发生在1994年2月1日之后，符合结婚的其他实质要件，则认定为同居关系，双方之间无继承权。但是，如果双方在突发公共卫生事件结束后及时补办结婚登记，双方确立法定婚姻关系，则认为有继承权。

问题44：在突发公共卫生事件期间，结婚登记暂停办理，对当事人有何影响？

答：对计划结婚的当事人来说，根据《婚姻法》第八条的规定，婚姻登记是男女双方成立合法婚姻关系的法定程序。如果受突发公共卫生事件影响男女双方没能办成结婚登记，即使双方在此前已举办婚礼或以夫妻名义住在一起，均不能被认定为合法夫妻关系。符合事实婚姻要件（1994年2月1日民政部《婚姻登记管理条例》公布实施以前，男女双方已经符合结婚实质要件）的除外。在此期间所涉及的财产分割、非婚生子女抚养以及债务承担问题，可依据《婚姻法》及相关司法解释的规定进行处理。

二、家庭法律实务100问

问题45：新冠肺炎患者是否可以结婚？

答：新冠肺炎疫情期间可能会出现婚姻登记机构暂停婚姻登记的情况，在此期间包括新冠肺炎患者在内的任何人的婚姻登记需求都无法满足。因此，根据《婚姻法》第八条的规定，新冠肺炎患者无法结婚。待婚姻登记机构重启婚姻登记工作后，对于新冠肺炎患者是否可以结婚的问题，根据《婚姻法》第七条规定："有下列情形之一的，禁止结婚：（一）直系血亲和三代以内的旁系血亲；（二）患有医学上认为不应当结婚的疾病"。根据《中华人民共和国母婴保健法》第八条规定以及相关法律规定，不应当结婚的疾病主要包括四类：（1）严重遗传性疾病；（2）指定传染病；（3）有关精神病；（4）其他与婚育有关的疾病。其中，"指定传染病"根据卫生部《婚前保健工作规范》的有关规定，是指《中华人民共和国传染病防治法》中规定的艾滋病、淋病、梅毒以及医学上认为影响结婚和生育的其他传染病。因此，依照现有法律规定来看，新冠肺炎并不包括在上述疾病里，医学上也未将新冠肺炎纳入影响结婚和生育的疾病范围内，新冠肺炎患者无论在患病期间还是治愈后，结婚均不受影响。

问题46：在突发公共卫生事件期间，离婚登记暂停办理，对当事人有何影响？

答：打算协议离婚的当事人受突发公共卫生事件影响而无法办理离婚登记的，即便双方已经签订离婚协议并且事实上分开生活，婚姻关系也尚未解除。根据《婚姻法》第三十一条规定："男女双方自愿离婚的，准予离婚。双方必须到婚姻登记机关申请离婚。"即双方必须到婚姻登记机关申请离婚。此外，《民法典婚姻家庭编（草案三次审议稿）》虽然不是正式生效的法律文件，但仍然有参考意义，其第八百五十七条也明确提出："完成离婚登记，或者离婚判决书、调解书生效，即解除婚姻关系。"因此，在未办理离婚登记手续的情况下，双方仍为夫妻。

问题47：因感情不合夫妻分居，在突发公共卫生事件中被采取防控措施，是否影响分居时间的计算？

答：根据《婚姻法》第三十二条的规定，因感情不和分居满二年且调解无效的，应准予离婚。由此可知，《婚姻法》的分居指的是因感情不合人为的分居。若分居仅仅是因为突发公共卫生事件的防控措施等客观原因造成的，则不应算为《婚姻法》所规定的分居行为。本题中的夫妻分居是因感情不合导致的分居，这种分居与采取防控措施没有关系，不影响分居时间的计算。

问题48：在新冠肺炎疫情这一突发公共卫生事件期间，若妻子因丈夫的原因而感染，妻子以此为理由提起离婚诉讼时，人民法院可否认定为属于致使夫妻感情破裂的情形，准予离婚？

答：《婚姻法》第三十二条及《最高人民法院关于人民法院审理离婚案件如何认定夫妻感情确已破裂的若干具体意见》对"致使夫妻感情破裂的情形"做了详细列举，妻子因丈夫的原因而感染新冠肺炎的情形并不包括在这些列举的情形中。对是否符合"其他导致夫妻感情破裂的情形"可以参考《最高人民法院关于人民法院审理离婚案件如何认定夫妻感情确已破裂的若干具体意见》的规定："判断夫妻感情是否确已破裂，应当从婚姻基础、婚后感情、离婚原因、夫妻关系的现状和有无和好的可能等方面综合分析。"

考虑到夫妻共同生活且接触密切以及新冠肺炎疫情的特性和防控难度，司法实践难以将夫妻一方感染的过错归结于另一方，因此通常不能将此认定为影响夫妻双方关系的因素，即不能以此作为认定夫妻感情确已破裂的情形准予离婚。

问题49：双方已经就财产分割以及婚生子女抚养权归属等问题签署离婚协议，因为突发公共卫生事件而没有及时去民政局办理离婚登记手续，那么是否可以就协议内容反悔？

答：《最高人民法院关于适用〈中华人民共和国婚姻法〉若干

问题的解释(三)》第十四条规定:"当事人达成的以登记离婚或者到人民法院协议离婚为条件的财产分割协议,如果双方协议离婚未成,一方在离婚诉讼中反悔的,人民法院应当认定该财产分割协议没有生效,并根据实际情况依法对夫妻共同财产进行分割。"此规定表明,双方已达成财产分割协议后因协议离婚不成进入诉讼程序时,一方还可以对协议表示反悔。若因突发公共卫生事件的原因而没有及时去民政局办理离婚登记手续,就意味着双方的婚姻关系还未解除,因此离婚协议尚未生效,一方可以就该协议的内容反悔。一旦将来双方解除婚姻关系,离婚协议就会对男女双方产生法律约束力,若双方在履行协议的过程中发生纠纷,根据《最高人民法院关于适用〈中华人民共和国婚姻法〉若干问题的解释(二)》第八条,可以通过诉讼的方式解决;若协议离婚一年后就财产分割问题反悔,根据该司法解释第九条,也可以通过诉讼方式解决,但如果原告没有证据证明离婚协议是在欺诈、胁迫的情况下签署的,其撤销离婚协议的主张就无法得到法律的支持。

问题 50:突发公共卫生事件期间,未经一方同意,另一方将家庭全部财产捐赠于救助前线,是否有效?

答:《合同法》第一百八十六条规定:"具有救灾、扶贫等社会公益、道德义务性质的赠与合同或者经过公证的赠与合同,赠与人在赠与财产的权利转移之前不可以撤销赠与。"突发公共卫生事件期间对于救助前线的捐赠属于为救灾而具有社会公益性质的赠与,如赠与的财产权利已经转移,原则上赠与不可撤销。

不过,《最高人民法院关于适用〈中华人民共和国婚姻法〉若干问题的解释(一)》第十七条规定:"对夫妻共同所有的财产,因日常生活需要而处理夫妻共同财产的,任何一方均有权决定;非因日常生活需要对夫妻共同财产做重要处理决定,夫妻双方应当平等协商,取得一致意见。"家庭财产属于夫妻共同财产,一方用于捐助并非日常生活需要,应当经夫妻共同平等协商同意。在未征得

一方同意的情况下，另一方擅自对夫妻共同财产做出重要处理决定，侵犯了对方的夫妻共同财产权。

问题51：欲协议离婚的夫妻因突发公共卫生事件而推迟办理离婚手续，夫妻一方为医护人员，所获得的慰问补助是否属于夫妻共同财产？离婚时如何分割？

答：《婚姻法》第三十一条规定："男女双方自愿离婚的，准予离婚。双方必须到婚姻登记机关申请离婚。"因此，因突发公共卫生事件而推迟办理离婚手续的夫妻，在此期间仍处在婚姻关系中。同时，根据《婚姻法》第十七条规定，夫妻一方作为医护人员所获得的慰问补助属于婚姻关系存续期间获得的工资、奖金，在夫妻共同财产的范围内。

此外，根据《婚姻法》第十九条和第三十九条的规定："夫妻可以约定婚姻关系存续期间所得的财产以及婚前财产归各自所有、共同所有或部分各自所有、部分共同所有。"也就是说夫妻双方可以自行约定婚姻关系存续期间所得的财产以及婚前财产归属。根据《婚姻法》第三十九条的规定："离婚时，夫妻的共同财产由双方协议处理；协议不成时，由人民法院根据财产的具体情况，照顾子女和女方权益的原则判决。"离婚时，如果双方对慰问补助的归属做出了协商，可以根据协商的内容分割财产。如协商不成，夫妻一方可到法院起诉离婚，由人民法院根据财产的具体情况，并按照男女平等原则、照顾子女和女方利益的原则、照顾无过错一方的原则及公平原则等原则进行判决。

问题52：夫妻一方因新冠肺炎疫情这一突发公共卫生事件感染而获得的医疗补助或者保险赔偿金，在其离婚时是否可作为夫妻共同财产进行分割？

答：根据《婚姻法》第十八条："有下列情形之一的，为夫妻一方的财产：（一）一方的婚前财产；（二）一方因身体受到伤害获得的医疗费、残疾人生活补助费等费用；（三）遗嘱或赠与合同中确定只归夫或妻一方的财产；（四）一方专用的生活用品；（五）其他

二、家庭法律实务100问

应当归一方的财产。"以及第十九条的规定:"夫妻可以约定婚姻关系存续期间所得的财产以及婚前财产归各自所有、共同所有或部分各自所有、部分共同所有。"因此若夫妻双方没有对婚姻存续期间或婚前财产的归属作出书面约定的,一方因感染获得的医疗费、残疾人生活补助费等费用属于夫妻一方的财产。

对于保险赔偿金,如果双方对该部分财产的归属按照《婚姻法》第十九条规定进行了书面约定,则按照双方的约定认定这部分财产。如果双方没有约定,对于军人伤亡保险金,依据《最高人民法院关于适用〈中华人民共和国婚姻法〉若干问题的解释(二)》第十三条规定进行处理:"军人的伤亡保险金、伤残补助金、医药生活补助费属于个人财产。"对于军人伤亡保险金之外的其他保险金是否可以作为夫妻共同财产分割的问题,《婚姻法》及其司法解释并没有明确规定,但可以参照2015年12月发布的《第八次全国法院民事商事审判工作会议(民事部分)纪要》进行处理:"4. 婚姻关系存续期间以夫妻共同财产投保,投保人和被保险人同为夫妻一方,离婚时处于保险期内,投保人不愿意继续投保的,保险人退还的保险单现金价值部分应按照夫妻共同财产处理;离婚时投保人选择继续投保的,投保人应当支付保险单现金价值的一半给另一方。5. 婚姻关系存续期间,夫妻一方作为被保险人依据意外伤害保险合同、健康保险合同获得的具有人身性质的保险金,或者夫妻一方作为受益人依据以死亡为给付条件的人寿保险合同获得的保险金,宜认定为个人财产,但双方另有约定的除外。婚姻关系存续期间,夫妻一方依据以生存到一定年龄为给付条件的具有现金价值的保险合同获得的保险金,宜认定为夫妻共同财产,但双方另有约定的除外。"

问题53:第三人作为被保险人,夫妻一方作为受益人获得的人寿保险金是否属于夫妻共同财产?

答:需区分不同的情形予以分析:

第一,当夫妻一方作为人寿保险的指定受益人时,依据《婚姻法》

第十九条规定,在没有书面约定的情形下,参照《第八次全国法院民事商事审判工作会议(民事部分)纪要》第五点的规定,保险金宜认定为夫妻一方的财产。因为被保险人投保后指定受益人是为了确保在自己死亡后,指定受益人能够按照自己生前的意愿获得赔偿金,取得经济上的保障。

第二,如果夫妻一方作为人寿保险的法定受益人,即投保人或被保险人并未指定受益人,或指定不明时,依据《保险法》第四十二条的规定进行处理:"被保险人死亡后,有下列情形之一的,保险金作为被保险人的遗产,由保险人依照《中华人民共和国继承法》的规定履行给付保险金的义务:(一)没有指定受益人,或者受益人指定不明无法确定的;(二)受益人先于被保险人死亡,没有其他受益人的;(三)受益人依法丧失受益权或者放弃受益权,没有其他受益人的。"夫妻一方获得的保险金即是其继承的遗产。根据《婚姻法》第十七条的规定为夫妻共同财产,除非另有约定。

问题54:夫妻一方因新冠肺炎疫情这一突发公共卫生事件感染,在另一方不同意支付相关医疗费用的情形下,患病一方可否向法院申请分割夫妻共同财产?

答:《最高人民法院关于适用〈中华人民共和国婚姻法〉若干问题的解释(三)》第四条规定:"婚姻关系存续期间,一般情况下夫妻任何一方不得请求分割共同财产,但有下列重大理由且不损害债权人利益的除外:(一)一方有隐藏、转移、变卖、毁损、挥霍夫妻共同财产或者伪造夫妻共同债务等严重损害夫妻共同财产利益行为的;(二)一方负有法定扶养义务的人患重大疾病需要医治,另一方不同意支付相关医疗费用的"。其中"一方负有法定扶养义务的人"是指夫妻一方在法律上负有抚养、扶养、赡养义务的人,也就是说第二种情况中存在三方主体,除夫妻双方外,还有其中一方负有法定扶养义务的第三人。故夫妻一方身体健康受到严重损害,另一方不出钱医治的情况并不属于上述的情况。

夫妻双方对对方均具有法定扶养义务，即便夫妻双方实行分别财产制，当一方患病需要医治时，另一方依然有扶养救助义务。因此本问题所述情形涉及的并不是夫妻共同财产分割问题，不适用《最高人民法院关于适用〈中华人民共和国婚姻法〉若干问题的解释（三）》第四条规定。应依据《婚姻法》第二十条的规定："夫妻有互相扶养的义务。一方不履行扶养义务时，需要扶养的一方，有要求对方付给付扶养费的权利。"若确实出现了一方不履行扶养义务的情况，另一方可以向法院起诉要求其给付扶养费用。此外，不履行扶养义务的行为还有可能构成对配偶的虐待或遗弃。《婚姻法》第四十三条至第四十五条规定了虐待及遗弃家庭成员情形的救助措施和法律后果，配偶一方虐待和遗弃行为构成犯罪的，还可以追究其刑事责任。

问题 55：夫妻一方因新冠肺炎疫情这一突发公共卫生事件感染，另一方擅自行使股权之后，其并未作出明确相反的意思表示，能否视为对行使股权一方行为的追认？

答：股权兼具财产性质与身份性质，夫妻一方擅自行使另一方的股权，需要符合隐名代理，该行使方能合法有效。

关于追认，最高人民法院在（2014）民申字第694号民事裁定书中表示："追认是被代理人对无权代理行为事后予以承认的一种单方意思表示，通常应当以明示的方式作出。但从维护交易秩序的稳定和保护合同相对人的利益考虑，本人如果接受相对人履行义务或接受无权代理人转移合同利益，应视为追认。"追认通常以明示的方式作出，某些情况下也可以通过默示方式。根据《中华人民共和国民法总则》（以下简称为《民法总则》）第一百四十二条的规定，结合相关行为的性质和目的、习惯以及诚信原则等，可以认为沉默是当事人表达认可的意思表示。

通常情况下如果有相关的约定或习惯，可以认定无明确相反意思的沉默即为对另一方行为的追认，患病与否不对当事人意思表示的含义产生影响。但在对效力待定行为进行追认时，行为人必须具

备行为能力。当事人身体健康受到严重侵害的情况下，很可能不具备行为能力。在不能确定其意识是否清醒、能否作出回应时，当事人未作出相反的意思表示不应当认定为对行使股权一方行为的追认。

问题 56：夫妻一方在新冠肺炎疫情这一突发公共卫生事件中感染，在无法征询其意见的情况下，另一方能否行使夫妻共有股权？

答：虽然夫妻的共有股权是夫妻共同财产，但夫妻二人共同享有的股权，一般会由夫妻双方中的一方持股，即夫妻中仅有一人会记载于股东名册上。根据《公司法》第三十二条第二款："记载于股东名册的股东，可以依股东名册主张行使股东权利。"因此根据其是否为记载于股东名册上的股东，夫妻双方对于该夫妻共有股权的行使权能是不同的。

根据《公司法》第四条的规定："公司股东依法享有资产收益、参与重大决策和选择管理者等权利。"当然作为所有权人还有处分的权利。

因此，本题要从夫妻双方是否为记载于股东名册上的股东，从实行资产收益权、管理性权利和处分权三个方面进行解答：

其一，夫妻双方一方在突发公共卫生事件中被感染，在无法征询其意见的情况下，另一方能否行使股权中的资产收益权？

根据《最高人民法院关于适用〈中华人民共和国婚姻法〉若干问题的解释（三）》第五条的规定："夫妻一方个人财产在婚后投资取得的收益，如果不是孳息和自然增值，都属于夫妻共有财产。"孳息是指由原物所产生的额外收益；自然增值是指在财产所有人拥有的财产因所有人以外的变化因素的存在而出现的价值增长状态。而股权收益既不属于孳息，也不是自然增值。那么夫妻共有股权所产生的资产收益应当属于夫妻共有财产，不管是否记载于股东名册，均可以享有资产收益权。

其二，夫妻双方一方在突发公共卫生事件中被感染，在无法征询其意见的情况下，另一方能否行使股权中的管理性权利？

管理性权利指参与公司部署运行和发展或者选择管理人等重大

二、家庭法律实务100问

决策的权利,涉及公司的内部治理,不应当被轻易介入。例如,有限责任公司的经营设立,具有一定的人合性,股东的加入是出于其他股东对其个人能力的信赖;并且股份有限公司的股东大会也只有公司名册中记载的股东可以参与行使权利。因此只有记载于股东名册的配偶一方才可以行使管理性权利,另一方无权行使该权利;且管理性权利的行使与夫妻身份无关,不需要征询另一方的意见。

其三,夫妻双方一方在突发公共卫生事件中被感染,在无法征询其意见的情况下,另一方能否处分夫妻共有股权?

夫妻共有股权是夫妻共有财产。根据《最高人民法院关于适用〈中华人民共和国婚姻法〉若干问题的解释(一)》第十七条第二款:"夫或妻非因日常生活需要对夫妻共同财产做重要处理决定,夫妻双方应当平等协商,取得一致意见。他人有理由相信其为夫妻双方共同意思表示的,另一方不得以不同意或不知道为由对抗善意第三人。"在另一方因染病无法征询意见时,如果一方处分夫妻共有股权,可能构成无权处分。(在实践中对于该问题还尚有争论,最高人民法院曾认定记载于股东名册的配偶一方可以独立行使处分权,也曾认定独立行使处分权构成无权处分。因此出于谨慎的态度,还是暂缓处分为宜。)

问题57:共同设立公司的夫妻一方趁另一方因新冠肺炎疫情这一突发公共卫生事件感染时,擅自向第三人转让其名下的夫妻共有股权,另一方如何进行救济?能否主张对股权的优先购买权?

答:虽然夫妻共有股权为夫妻共有财产,但转让夫妻共有股权不属于《最高人民法院关于适用〈中华人民共和国婚姻法〉若干问题的解释(一)》第十七条规定的因日常生活需要可以处分的夫妻共有财产。我国法律规定了夫妻一方可以行使日常家事代理权,在因日常生活需要的情况下可以处分夫妻共同财产,代表另一方与第三人进行一定的法律行为。一般来说,日常家事代理权的范围仅限于日常家庭事务,如日常购物、子女教育支出、娱乐开销,等等,

在此类日常的事务上可以处分夫妻共有财产。因此在双方未取得一致意见时处分夫妻共有股权，可能构成无权处分。

根据《中华人民共和国物权法》（以下简称《物权法》）第一百零六条规定："无处分权人将不动产或者动产转让给受让人的，所有权人有权追回。"但如果第三人是基于善意已经以合理价格受让股权，则取得股权，此时股权转让协议对夫妻另一方也具有拘束力。在这种情况下，另一方可以根据本条第二款规定请求赔偿损失。

对于共有股权的优先购买权，法律分别在《物权法》第一百零一条规定了共有人优先购买权和《公司法》第七十一条规定了有限责任公司股东的优先购买权。

关于共同共有人的优先购买权，《物权法》上关于共有人优先购买权的规定主要针对按份共有。而夫妻双方以夫妻共同财产出资设立公司，公司的全部股份不管在谁名下，均为夫妻共同财产，属于共同共有。共同共有关系存续期间，共同共有人不享有财产分割请求权，不能在共有财产中确定自己的份额，不能转让自己的权利，因此共同共有人不存在优先购买权。

最高人民法院对一案件〔最高人民法院（2008）民申字第677号"蔡月红与李炳、麦赞新股权转让合同纠纷案"判决书〕的判决理由可供参考：关于有限公司股东的优先购买权，以夫妻共同财产出资设立公司具有其特殊性，任何一方名下的股份均为夫妻共同财产而不是个人财产，一方擅自转让名下股份的实质是未经授权处分他人的财产，不属于《公司法》意义上股东之间的纠纷，且《公司法》中并未讨论股份共有的问题，因此也无法适用有关的股东优先购买权的规定，可以通过无权处分的规定进行救济。

问题58：在突发公共卫生事件期间，有时因防控需要要求公布个人活动轨迹，夫妻一方据此发现对方发生婚外情，可否要求过错方净身出户？

答：法律上并没有明确规定有婚外情的一方应当净身出户。关

于离婚财产分割，《最高人民法院关于人民法院审理离婚案件处理财产分割问题的若干具体意见》规定："法院应当坚持男女平等，保护妇女、儿童的合法权益，照顾无过错方的原则。"上海市高级人民法院民一庭制定的《婚姻家庭纠纷办案要件指南（三）》（沪高法民一〔2010〕8号）第三条中具体说明了照顾无过错方原则。该《指南》指出："对于因一方过错导致离婚的，可在分割财产时适当照顾无过错方，以体现法律的公平与正义。但这种照顾不是民事责任，其性质不同于离婚损害赔偿责任，因此，这里的过错并不限于重婚、姘居、实施家庭暴力、虐待、遗弃等重大过错行为，还包括其他违反婚姻义务或故意以悖于善良风俗的方法损害婚姻关系的过错行为。"故若一方存在婚外情，则在进行离婚财产分割的过程中，对无过错方应当多分，对过错方应当少分，但这不代表过错方应当净身出户。此外，若过错方除了婚外情，还因此存在隐藏、转移、变卖、损毁夫妻共同财产，或伪造债务企图侵占另一方财产的行为，根据《婚姻法》第四十七条规定，在分割夫妻共同财产时，对其可以少分或不分。

无过错方除了可多分夫妻共同财产外，若过错方的婚外情较为严重，有重婚或与他人同居的情况，根据《婚姻法》第四十六条规定，无过错方有权请求损害赔偿。《最高人民法院关于适用〈中华人民共和国婚姻法〉若干问题的解释（一）》第二条规定："婚姻法第三条、第三十二条、第四十六条规定的'有配偶者与他人同居'的情形，是指有配偶者与婚外异性，不以夫妻名义，持续、稳定地共同居住。"因此，若无过错方能够证明其配偶存在与他人同居的情况，则其有权请求损害赔偿。若过错方与他人以夫妻名义同居生活，则无过错方也可以请求损害赔偿，且过错方此时的行为涉嫌重婚，无过错方可以向公安机关报案，也可以在证据充足的情况下向法院提起刑事自诉，追究过错方的刑事责任。

因此，夫妻一方存在婚外情的情况下进行夫妻共同财产分割时，无过错方可以要求多分财产，除非过错方自愿放弃财产，否则不能

要求过错方净身出户。无过错方还可以在证明过错方有与他人同居或重婚的情况下可以请求赔偿，若过错方同时存在《婚姻法》第四十七条规定隐藏、转移夫妻财产等情况，法院可能对其作出不分共同财产的判决。

问题 59：夫妻一方或双方在突发公共卫生事件中因为自己治疗或为父母治疗所欠的债务是否为夫妻共同债务？

答：在突发公共卫生事件中，夫妻一方或双方因为自己治疗或为父母治疗所负的债务应认定为夫妻共同债务。《婚姻法》第四十一条规定："离婚时，原为夫妻共同生活所负的债务，应当共同偿还。"《最高人民法院审理离婚案件处理财产分割问题的若干具体意见》规定："17. 夫妻为共同生活或为履行抚养、赡养义务等所负债务，应认定为夫妻共同债务。"也就是说，夫妻一方或双方若为生活需要或者履行赡养义务而所欠的债务属于夫妻共同债务。因此，夫妻一方或双方为自己或为父母治疗所欠债务应认定为夫妻共同债务。

问题 60：恋爱期间，因突发公共卫生事件的发生，一方为治疗另一方的疾病而欠下债务，突发公共卫生事件后二人结婚，这笔借款是否属于夫妻共同债务？

答：《最高人民法院关于适用〈中华人民共和国婚姻法〉若干问题的解释（二）》第二十三规定："债权人就一方婚前所负个人债务向债务人的配偶主张权利的，人民法院不予支持。但债权人能够证明所负债务用于婚后家庭共同生活的除外。"也就是说，如果债权人能够证明夫妻一方在婚前所负债务是为了婚后共同生活，则可以将这笔债务认定为夫妻共同债务。虽然不确定债权人是否能够清楚地知道债务人的目的是为伴侣治疗疾病，但若假定债权人能够知晓此事并提供证明，那么此项债务应当可以纳入夫妻共同债务的范畴。"用于婚后家庭共同生活"这种情况中比较常见的例子是婚前贷款购房在婚后转化为夫妻共同生活所依赖的物质条件，虽然婚前举债治病并非像住房一样直接用于婚后夫妻共同生活,但为了治疗疾病所负的债务可以被认为是为了支持夫妻将来的共同生活。和婚前购房一样,一方为治疗另一方疾病而举债同样是出于对未来的期许,并且是为夫妻共同生活创造最基础的生命健康条件。故与婚前为了夫妻共同生活的场所而举债相比,上述情况下为治疗疾病所负的债务更加应当纳入夫妻共同债务的范畴。

问题61:恋爱期间,因突发公共卫生事件的发生,一方为治疗另一方的疾病而欠下债务,突发公共卫生事件后二人分手,举债治病的债务如何处置?

答:我国《婚姻法》并不调整恋爱期间双方当事人关于财产等的法律关系。恋爱期间一方为治疗另一方的疾病所支付的费用,若另一方明确表示会偿还全部医疗费用,则这笔医疗费用所形成的债务可以视为另一方的个人债务,由另一方偿还借款;若双方当事人对债务的偿还不能通过协商解决问题,则应按照《民法总则》《合同法》等法律规定进行处理。通常情况下可以依照公平、公正的原则处理债务问题。

(五)抚养、扶养、赡养与收养

问题62:突发公共卫生事件期间,夫妻双方因被采取隔离等防控措施分隔两地,一方拒绝另一方提供帮助的要求(例如邮寄物资),这种行为是否构成遗弃?

答:《婚姻法》第二十条规定:"夫妻有互相扶养的义务。"被采取隔离等防控措施期间,夫妻双方分隔在两地,一方拒绝另一方提供帮助的要求,应分情况讨论。如果被请求帮助的一方确是由

于物资缺乏或者道路交通不便等客观原因无法提供帮助,则不视为未履行扶养义务;如果被请求帮助的一方有条件给予帮助却拒绝帮助,则有可能构成遗弃行为。

问题63:在新冠肺炎疫情这一突发公共卫生事件中,家庭成员不慎被感染,经治疗后出院,其他家庭成员以怕被传染为由拒绝照顾,是否构成遗弃?

答:根据《婚姻法》第二十条、第二十一条以及《中华人民共和国老年人权益保障法》(以下简称《老年人权益保障法》)第十四条的规定,父母有抚养未成年子女的义务;成年子女有赡养无劳动能力或生活困难的父母的义务;夫妻有互相扶养的义务等。

家庭成员患病,并非免除当事人抚养、扶养或赡养义务的事由。家庭成员经治疗后出院,其他家庭成员以怕被传染为由拒绝照顾,违反了相关规定,没有尽到法定义务,可能构成遗弃行为。根据《婚姻法》第四十四条规定:"对遗弃家庭成员,受害人有权提出请求,居民委员会、村民委员会以及所在单位应当予以劝阻、调解。受害人提出请求的,人民法院应当依法作出支付扶养费、抚养费、赡养费的判决。"如果遗弃家庭成员构成犯罪的,根据《婚姻法》第四十五条规定,受害人可以向人民法院提起自诉。因遗弃家庭成员导致离婚的,根据《婚姻法》第四十六条规定,无过错方有权请求损害赔偿。

问题64:突发公共卫生事件对子女抚养权的归属有何影响?

答:根据《婚姻法》第三十六条规定:"父母与子女间的关系,不因父母离婚而消除。离婚后,子女无论由父或母直接抚养,仍是父母双方的子女。离婚后,父母对于子女仍有抚养和教育的权利和义务。"离婚后,父母对子女抚养、教育的权利和义务不会改变。《最高人民法院关于人民法院审理离婚案件处理子女抚养问题的若干具体意见》对子女的抚养权归属作出了更详细的规定:"1.两周岁以

二、家庭法律实务100问

下的子女，一般随母方生活。母方有下列情形之一的，可随父方生活：（1）患有久治不愈的传染性疾病或其他严重疾病，子女不宜与其共同生活的；（2）有抚养条件不尽抚养义务，而父方要求子女随其生活的；（3）因其他原因，子女确无法随母方生活的。""3．对两周岁以上未成年的子女，父方和母方均要求随其生活，一方有下列情形之一的，可予优先考虑：（1）已做绝育手术或因其他原因丧失生育能力的；（2）子女随其生活时间较长，改变生活环境对子女健康成长明显不利的；（3）无其他子女，而另一方有其他子女的；（4）子女随其生活，对子女成长有利，而另一方患有久治不愈的传染性疾病或其他严重疾病，或者有其他不利于子女身心健康的情形，不宜与子女共同生活的。"司法实践中人民法院在考虑子女抚养权归属的时候，常从有利于子女身心健康的角度出发，以子女利益最大化为原则，综合考量子女的成长经历、生活环境、父母经济状况、身体状况以及子女的意愿等因素进行判决。

以本次新冠肺炎疫情为例，新冠肺炎不属于"患有久治不愈的传染性疾病"的情形，父母一方被感染也并不代表就此失去抚养能力。因此，法院可在判决中灵活处理，从更有利于子女身心健康的角度出发，综合考量多种因素。

问题65：因新冠肺炎疫情这一突发公共卫生事件而被感染是否构成变更抚养权的理由？

答：《最高人民法院关于人民法院审理离婚案件处理子女抚养问题的若干具体意见》规定："16.一方要求变更子女抚养关系有下列情形之一的，应予支持：（1）与子女共同生活的一方因患严重疾病或因伤残无力继续抚养子女的；（2）与子女共同生活的一方不尽抚养义务或有虐待子女行为，或其与子女共同生活对子女身心健康确有不利影响的；（3）十周岁以上未成年子女，愿随另一方生活，该方又有抚养能力的；（4）有其他正当理由需要变更的。"子女抚养权的变更应该经过夫妻双方的慎重考虑、通过协商决定或者人民

法院结合各方面因素综合判定。在突发公共卫生事件中，与子女共同生活的一方被感染的情况下，若其可以被治愈，且治愈后具有抚养能力，则不应该将这种情况认定为上述变更子女抚养权的情形之一，是否需要变更仍应结合多种因素进行综合考虑。但如果由于突发公共卫生事件造成与子女共同生活的一方无法履行监护义务的情形，则应当根据《民法总则》及相关法律规定，委托他人监护，或者向村（居）民委员会、民政部门寻求帮助。此外，民政部近日发布的《关于做好因新冠肺炎疫情影响造成监护缺失的儿童救助保护工作的通知》（民电〔2020〕19号）以及国务院应对新型冠状病毒感染肺炎疫情联防联控机制印发的《因新冠肺炎疫情影响造成监护缺失儿童救助保护工作方案》（国发明电〔2020〕11号）也对进一步做好因突发公共卫生事件影响造成监护缺失儿童的救助保护工作作出了具体安排。

问题66：在新冠肺炎疫情这一突发公共卫生事件期间，能否以一方被感染或应减少接触为由中止其探望权？

答：《婚姻法》第三十八条规定："离婚后，不直接抚养子女的父或母，有探望子女的权利，另一方有协助的义务。行使探望权利的方式、时间由当事人协议；协议不成时，由人民法院判决。父或母探望子女，不利于子女身心健康的，由人民法院依法中止探望的权利；中止的事由消失后，应当恢复探望的权利。"也就是说，申请中止探望权必须要出现探望子女不利于子女身心健康的情形，且有相关证据证明。

在新冠肺炎疫情这一突发公共卫生事件中，感染一方在不直接抚养子女的情况下，若以当面接触的方式行使探望权极有可能让子女也感染。故在此期间行使探望权应在遵守相关防控规定的情况下进行，比如采取网络云端探望模式，待应对突发公共卫生事件的相关防控措施解除后再恢复当面接触的探望模式。因此，突发公共卫生事件中一方感染或应减少接触不能成为中止探望权的理由，不直

二、家庭法律实务100问

接抚养子女的一方可在另一方的协助下，采用其他灵活的方式行使其探望权。

问题67：突发公共卫生事件导致企业经营困难，负担抚养费的一方无法获取固定收入，对子女抚养费的支付标准能否变更？

答：根据《婚姻法》第三十七条的规定："关于子女生活费和教育费的协议或判决，不妨碍子女在必要时向父母任何一方提出超过协议或判决原定数额的合理要求。"同理，父母一方也可以根据收入的重大变化提出降低抚养费数额的合理要求。《婚姻法》及相关司法解释中，虽然并没有关于降低抚养费的规定，但从公平原则与情势变更原则出发，若有重大疾病、生活情况严重恶化等情形发生导致按原定标准支付存在困难，可酌情予以降低抚养费。考虑到无收入来源的情况是由突发公共卫生事件导致，建议双方予以协商变更（包括变更支付方式），待该事件结束后，减少抚养费的特殊情形消失，支付抚养费一方仍应当按照双方约定或法院判决支付抚养费。

问题68：在突发公共卫生事件期间，子女可能因防控措施或者应急处置措施影响而与老年人分开居住，那么老年人的权益应该如何保障？

答：以新冠肺炎疫情这一突发公共卫生事件为例，根据民政部办公厅印发的《关于在疫情防控期间加强特殊困难老年人关爱服务的通知》（民办发〔2020〕7号）规定："对因家人参加抗击疫情或被隔离收治而无人照料的老年人，要协助落实临时照料人，及时做好生活照料、康复护理等工作，密切关注其身体状况和心理变化、精神状态。对因疫情影响在家隔离的留守（空巢）、独居老年人特别是高龄、失能老年人，要在督促家庭成员履行赡养（扶养）责任的基础上，引导村（居）委会、物业企业、社会组织、志愿者等，有针对性地开展走访探视、精神慰藉、生活照料等服务；赡养人、扶养人无法履行赡养（扶养）责任的，请所在乡镇政府（街道办事

处)及时介入,通过政府购买服务、组织志愿服务等方式,提供必要帮扶。"

可以看出,在条件允许的情况下,子女仍应当在生活上照料老年人,承担起赡养的责任。但因突发公共卫生事件的影响,子女确有亲自履行赡养义务上的困难,此时就要充分发挥各类基层组织、社会组织、社区工作者、社会工作者、志愿者等方面力量作用。若子女有条件而不履行赡养义务,基层群众性自治组织、老年人组织或者子女所在单位也应当督促其履行。对拒不履行赡养义务的子女,老年人可以向人民法院起诉要求其履行赡养义务,情节恶劣构成犯罪者,应当依法追究其刑事责任。

问题69:突发公共卫生事件期间出现孤儿,如果收养需要满足什么条件?

答:根据《中华人民共和国收养法》第四条规定:"丧失父母的孤儿、查找不到生父母的弃婴和儿童、生父母有特殊困难无力抚养的子女,不满十四周岁的,可以被收养。"根据《收养法》第六条至第九条规定可知:

第一,收养人应当同时具备下列条件:(1)无子女;(2)有抚养教育被收养人的能力;(3)未患有在医学上认为不应当收养子女的疾病;(4)年满三十周岁。

第二,收养的孤儿是三代以内同辈旁系血亲的子女,可以不受被收养人不满十四周岁的限制。

第三,华侨收养三代以内同辈旁系血亲的子女,还可以不受收养人无子女的限制。

第四,收养孤儿、残疾儿童或者社会福利机构抚养的查找不到生父母的弃婴和儿童,可以不受收养人无子女和收养一名的限制。

第五,无配偶的男性收养女性的,收养人与被收养人的年龄应当相差四十周岁以上。

第六,有配偶者收养子女,须夫妻共同收养。

二、家庭法律实务100问

问题 70：突发公共卫生事件期间出现孤儿，收养程序怎么进行？

答：收养登记的具体程序可以分为申请、审查及公告、登记。

1. 申请。《中国公民收养子女登记办法》第五条规定："收养人应当向收养登记机关提交收养申请书和下列证件、证明材料：（1）收养人的居民户口簿和居民身份证；（2）由收养人所在单位或者村民委员会、居民委员会出具的本人婚姻状况和抚养教育被收养人的能力等情况的证明，以及收养人出具的子女情况声明；（3）县级以上医疗机构出具的未患有在医学上认为不应当收养子女的疾病的身体健康检查证明。收养查找不到生父母的弃婴、儿童的，并应当提交收养人经常居住地计划生育部门出具的收养人生育情况证明；其中收养非社会福利机构抚养的查找不到生父母的弃婴、儿童的，收养人还应当提交下列证明材料：（1）收养人经常居住地计划生育部门出具的收养人无子女的证明；（2）公安机关出具的捡拾弃婴、儿童报案的证明。收养继子女时，可以只提交居民户口簿、居民身份证和收养人与被收养人生父或者生母结婚的证明。对收养人出具的子女情况声明，登记机关可以进行调查核实。"

2. 审查及公告。《中国公民收养子女登记办法》第六条中规定："收养登记机关收到收养登记申请书及有关材料后，应当自次日起30日内进行审查。对符合收养法规定条件的，为当事人办理收养登记，发给收养登记证，收养关系自登记之日起成立；对不符合收养法规定条件的，不予登记，并对当事人说明理由。收养查找不到生父母的弃婴、儿童的，收养登记机关应当在登记前公告查找其生父母；自公告之日起满60日，弃婴、儿童的生父母或者其他监护人未认领的，视为查找不到生父母的弃婴、儿童。公告期间不计算在登记办理期限内。"

3. 登记。《中国公民收养子女登记办法》第八条规定："收养关系成立后，需要为被收养人办理户口登记或者迁移手续的，由收养人持收养登记证到户口登记机关按照国家有关规定办理。"

（六）合同

问题71：突发公共卫生事件中因被采取防控措施而无法返回城市中租赁的房屋进行居住，在租住协议中约定有因不可抗力可以免除租金的条款，那么突发公共卫生事件是否属于不可抗力，该如何解决？

答：在突发公共卫生事件中，为保护公众安全政府也会采取相应防控或应急措施。结合不可抗力的定义，对于不能履行合同的当事人来说，因突发公共卫生事件而被采取防控措施属于不能预见、不能避免并不能克服的不可抗力。根据合同法的相关规定，因不可抗力不能履行合同的，根据不可抗力的影响，部分或者全部免除责任，但法律另有规定的除外。

如果承租人因突发公共卫生事件无法返回务工以致不能继续使用房屋，可能会使得在此期间内租赁合同的目的无法实现，但其是否能够成为解除合同的事由、是否符合不可抗力的情形，具体还要看租赁合同剩余时间的长短、突发公共卫生事件的持续时间以及突发公共卫生事件对承租人身体健康状况的影响等。若以上因素只是暂时、部分地影响到合同的履行，则双方可以通过协商的方式来进行处理；但如果上述因素足以造成合同目的不能实现，则承租人可以援引不可抗力条款解除合同。

我国历史上也曾出现过类似的情形，比如在2003年非典期间，最高人民法院发布的《最高人民法院关于在防治传染性非典型肺炎期间依法做好人民法院相关审判、执行工作的通知》（法〔2003〕72号）中的第三条第三款规定："由于'非典'疫情原因，按原合同履行对一方当事人的权益有重大影响的合同纠纷案件，可以根据

具体情况，适用公平原则处理。因政府及有关部门为防治'非典'疫情而采取行政措施直接导致合同不能履行，或者由于'非典'疫情的影响致使合同当事人根本不能履行而引起的纠纷，按照《中华人民共和国合同法》第一百一十七条和第一百一十八条的规定妥善处理。"该通知虽然现在已经失效，但也有一定的参考价值。

问题 72：因新冠肺炎疫情这一突发公共卫生事件取消婚宴造成的损失如何承担？

答：在新冠肺炎疫情这一突发公共卫生事件中，由于疫情具有传染性等特点，按照防控措施，不宜再进行类似婚宴的群体性聚集活动。因本次疫情符合不可抗力的定义即属于我国民法上不能预见、不能避免并不能克服的客观情况，对于取消婚宴造成的损失，可以根据《合同法》第一百一十七条规定："因不可抗力不能履行合同的，根据不可抗力的影响，部分或者全部免除责任，但法律另有规定的除外。"建议双方当事人协商解决。

问题 73：突发公共卫生事件中，未成年人对救助前线的捐赠行为是否有效？

答：根据《民法总则》第十七条规定："十八周岁以上的自然人为成年人。不满十八周岁的自然人为未成年人。"对于不满十八周岁的未成年人对救助前线的捐赠行为是否有效主要分以下几种情况：

第一，根据《民法总则》第十八条规定："成年人为完全民事行为能力人，可以独立实施民事法律行为。十六周岁以上的未成年人，以自己的劳动收入为主要生活来源的，视为完全民事行为能力人。"因此，对于未成年人对救助前线的捐赠而言，十六周岁以上以自己的劳动收入为主要生活来源的未成年人，无论数额的多少，其对救助前线的捐赠行为有效。

第二，根据《民法总则》第十九条规定："八周岁以上的未成年人为限制民事行为能力人。"《合同法》第四十七条规定："限

制民事行为能力人订立的合同，经法定代理人追认后，该合同有效，但纯获利益的合同或者与其年龄、智力、精神健康状况相适应而订立的合同，不必经法定代理人追认。"因此，八周岁以上的未成年人对救助前线捐赠数额与其年龄、智力相适应的，可以认定为有效的捐赠行为。或者八周岁以上的未成年人为救助前线捐赠数额较大财物后，其法定代理人追认的，其对救助前线的捐赠行为有效。

第三，根据《民法总则》第二十条规定："不满八周岁的未成年人为无民事行为能力人，由其法定代理人代理实施民事法律行为。"因此，不满八周岁的未成年人对救助前线的捐赠需要其法定代理人代理实施。

问题74：父母在外打工，因突发公共卫生事件与孩子分隔两地。为了方便联系，将手机留给了八岁的孩子。孩子却用手机绑定的信用卡给手游充值了13000多元，其父母可以要求手游方退回这笔费用吗？

答：根据《民法总则》第十九条、第一百四十五条以及《合同法》第四十七条的规定可知，八周岁的未成年人为限制民事行为能力人，限制民事行为能力人订立的合同，经法定代理人追认后，该合同才有效，但纯获利益的合同或者与其年龄、智力、精神健康状况相适应而订立的合同，不需要法定代理人的追认即可生效。基于本案可知，孩子与手游公司间订立的充值合同数额较大，不属于与其年龄、智力、精神健康状况相适应的合同，需要经其父母同意追认后才会生效，若该充值合同始终未经父母追认，则应属于无效合同且自始无效，即自合同成立之时就没有法律约束力。父母可以依法要回充值的13000多元，不过需要其提供证据，兹以证明是孩子私自进行的充值，自己对此并不知情。

问题 75：新冠肺炎疫情这一突发公共卫生事件发生后，老人在养老机构感染，子女可以追究养老机构的责任吗？

答：新冠肺炎疫情这一突发公共卫生事件发生后，若老人不遵守养老机构根据突发公共卫生事件制定的管理规定，因自身原因导致感染，如果养老机构能够证明其已经履行了相应的注意义务，并没有过错的话，依照养老服务合同的规定，可不承担法律责任。若老人的行为同时还违反了国家关于突发公共卫生事件的相关规定，自身可能还应承担相应的法律责任。

如果是因养老机构自身的过错，不严格执行突发公共卫生事件中的各项要求从而使老人感染。从合同关系来分析，《养老机构管理办法》第九条规定："养老机构按照服务协议为收住的老年人提供生活照料、康复护理、精神慰藉、文化娱乐等服务。"第十条规定："养老机构提供的服务应当符合养老机构基本规范等有关国家标准或者行业标准和规范。"如果养老机构在履行其合同义务之时存在不规范的行为，同时这些不规范行为最终导致老人感染，其子女根据《合同法》第一百一十二条的规定："当事人一方不履行合同义务或者履行合同义务不符合约定的，在履行义务或者采取补救措施后，对方还有其他损失的，应当赔偿损失"，可以向养老机构主张其违约责任，要求赔偿由此造成的损失。

从侵权责任的角度分析，我国《侵权责任法》总体上采纳的是过错责任的观点。养老机构是比较特殊的场所，它并不像一般的公共场所。一般公共场所对于来往的人员主要尽的是安全保障义务；养老机构是具有社会保障性质、公益性的服务机构，其与老人或老人的监护人、代理人存在契约关系，且老人本身自理能力相对较差，故养老机构对老人应尽的义务不仅包括安全保障，更包括照顾老人日常起居、关注老人身心健康等更严格的义务。因此，若养老机构由于没有尽到上述法律规范中规定的义务，最终导致老人感染，其子女还可以向养老机构主张侵权责任。根据《侵权责任法》第二十二条："侵害他人人身权益，造成他人严重精神损害的，被侵权人可以请求精神损害赔

偿。"如果养老机构的失职行为给老人造成了严重的精神损害，老人或其监护人、代理人可以向机构主张精神损害赔偿。

该种情况属于典型的责任竞合。对于老人及其家属而言，可以选择要求养老机构承担违约责任或者承担侵权责任。

（七）社会救助

问题76：夫妻双方以进城打工维持生计，在突发公共卫生事件发生后，无法返工，若生活发生困难，可否得到一些社会救济？

答：根据国务院2014年颁布的《社会救助暂行办法》第四十三条中规定："最低生活保障家庭有劳动能力的成员均处于失业状态的，县级以上地方人民政府应当采取有针对性的措施，确保该家庭至少有一人就业。"因此，在突发公共卫生事件发生后因为处于失业状态致使家庭生活发生困难时，当地县级以上的地方人民政府有责任给予就业救助。此外，该办法第四十四条规定："申请就业救助的，应当向住所地街道、社区公共就业服务机构提出，公共就业服务机构核实后予以登记，并免费提供就业岗位信息、职业介绍、职业指导等就业服务"。综上所述，夫妻双方因突发公共卫生事件而使家庭处于失业状态时，可以积极地去寻求政府和社会救济。

问题77：突发公共卫生事件发生后如何对特殊群体进行社会救助？

答：如在新冠肺炎疫情这一突发公共卫生事件期间的特殊群体主要包括已纳入低保政策的贫困人员、特困人员、因监护人或家庭成员的身体健康受到严重损害而无人照顾的老人和儿童、因家庭成员参加一线防控工作导致无人照顾的失能、失智和患有重大疾病的临时困境老年人和临时困境儿童、留守儿童、因突发公共卫生事件影响无法复工无收入来源导致基本生活出现困难的人员等。民政部办公厅出台了《关于做好新型冠状病毒感染肺炎疫情防控期间有关社会救助工作的通知》（民电〔2020〕13号），为新冠肺炎疫情期间的救助工作提供了参考：

对于已纳入最低生活保障、低保边缘人员、特困人员、建档立卡贫困人员以及散居孤儿、事实无人抚养儿童等困难群众，可直接发放临时救助；低保证到期，但因新冠肺炎疫情所采取的隔离措施无法出门办理续期的，国家应出台政策将定期核查及续保时限自动延长至疫情结束。

对原本不处于低保政策范围内，因新冠肺炎疫情失去经济来源，导致基本生活出现困难的人员，政府应指导乡镇（街道）及时启用临时救助备用金，临时救助金的发放金额根据地区的财政情况和救助对象的生活需要确定；对其先开展救助措施的同时可以适当简化资格审批手续和相关材料的申报流程，加快相关身份的审批速度；结合各地实践经验，地方政府可采取的简化申报流程的措施主要有：通过视频、网上直播、图片、录音、快递等非接触方式审批，采取全流程网上审批模式；缩短低保资格审批时限，提高办事效率；取消正常情况下应当进行的申请人经济情况核对、入户调查、民主评议和公示等环节；相关证明资料文书待突发公共卫生事件结束后补充完善等。此外，该通知还鼓励有条件的地方将低保、特困人员救助供养等社会救助审批权下放至乡镇（街道），尽可能加快审批速度，切实维护困难群众的合法权益。

问题78：突发公共卫生事件期间向贫困家庭发放救济金，如何确定临时救助金额？

答：对于临时救助金额，根据国务院《关于全面建立临时救助制度的通知》（国发〔2014〕47号）对于救助标准的规定，临时救

助标准要与当地经济社会发展水平相适应，综合各地经济发展水平、生活消费水平和救助对象困难程度确定。民政部未规定统一的标准，各地的规定不同，应当根据各地出台的政策确定救助金额。

如在新冠肺炎疫情期间，重庆市民政局、市卫生健康委、市财政局、市扶贫办联合制发的《做好新型冠状病毒感染的肺炎疫情防控期间困难群众基本生活保障的措施》（渝民〔2020〕34号）要求对突发公共卫生事件中身体健康受到影响的公民中的低保对象、特困人员、困境儿童以及农村建档立卡贫困人口等困难群体，按低保标准2倍按月发放临时救助金，直到其出院为止；广西壮族自治区民政厅联合自治区财政厅发布《关于新型冠状病毒感染的肺炎疫情防控期间有关社会救助工作的指导意见》（桂民发〔2020〕9号）规定，在突发公共卫生事件防控期间，乡镇（街道）审批临时救助金额可由2000元提高到4000元。

问题79：突发公共卫生事件中，留守儿童面临的主要困境是什么？

答：其一，监护缺失。父母或其他监护人受突发公共卫生事件的影响不能及时回到孩子身边，无法完全履行抚养和监护责任，儿童面临抚养和监护缺失的情况。

其二，生活不能或不完全自理。对于留守儿童，尤其是部分年龄较小的儿童，若因其监护人或生活照顾人被采取防控措施隔离，造成其生活不能自理，会严重影响留守儿童的生命健康。

其三，心理困境。我国留守儿童群体庞大，留守儿童的心理问题一直以来都受社会关注。基于突发公共卫生事件发生这一特殊时期出现的特殊情况，包括亲人不在身边、生活更独立等情况，对留守儿童造成的心理冲击是巨大的，留守儿童可能会产生一系列心理疾病。在应对突发公共卫生事件的同时，也应关注留守儿童的心理状况，为他们提供心理咨询辅导等服务。

二、家庭法律实务100问

问题80：突发公共卫生事件期间，孤寡老人和留守儿童的防治和救助工作具体如何开展？

答：突发公共卫生事件期间，对于信息比较闭塞的老人、儿童群体特别是孤寡老人和留守儿童，他们对外界信息了解不及时，发生异常情况也难以及时向外界求助，家人未能陪伴的情况下更多地需要其他主体发挥保障作用。

以此次新冠肺炎疫情为例，国务院联防联控机制、民政部多次印发通知和意见，要求对因新冠肺炎疫情在家的孤寡老人和留守儿童群体进行摸底帮助并出台了多项举措维护孤寡老人、留守儿童权益：

对于孤寡老人，2020年3月4日发布的《关于分区分级精准做好养老服务机构疫情防控与恢复服务秩序工作的指导意见》（民办发〔2020〕6号）中指出，将养老服务机构纳入当地疫情防控联防联控机制，在确保疫情防控到位的前提下，对本区域生活不能自理、无人照料且有机构入住需求的孤寡老人安排入住服务；3月6日发布的《关于在疫情防控期间加强特殊困难老年人关爱服务的通知》（民办发〔2020〕7号）明确，民政部门、基层政府以及群众性组织对受疫情影响在家隔离的孤寡老人等特殊群体展开全面排查，充分发挥各类组织、社区工作者、社会工作者、志愿者等方面力量作用，按照就近就便原则，有针对性地开展走访探视和关爱服务工作。

对于留守儿童，2020年2月11日发布的《关于做好因新冠肺炎疫情影响造成监护缺失的儿童救助保护工作的通知》（民电〔2020〕19号）对监护缺失儿童的救助问题进行了说明。留守儿童就是监护缺失儿童的一种情形。通知要求将救助工作具体落实下放到基层村委会、居委会，发挥各地儿童工作机制的作用，及时发现报告。对留守儿童分类进行照料，加强救助保障，开通救助保护热线；3月14日，国务院联防联控机制印发《因新冠肺炎疫情影响造成监护缺失儿童救助保护工作方案》（国发明电〔2020〕11号）则对留守儿童的救助保护工作进行了更具体的说明。

除此之外，对于孤寡老人、留守儿童这类特殊群体，2020年2

月28日国务院联防联控机制印发的《关于进一步做好民政服务机构疫情防控工作的通知》（国发明电〔2020〕6号）再次强调了民政服务机构对特殊群体的保障责任。要求对于受此次突发公共卫生事件影响的孤寡老人、无人照料的老年人和未成年人，以及社会散居孤儿、留守儿童、留守老年人等特殊群体，组织开展走访探视，及时提供帮助。

综上所述，此次疫情期间对孤寡老人和留守儿童的防治和救助采用各地民政部门主导，基层政府和群众性组织具体落实，充分发挥各类组织、社区工作者、社会工作者、志愿者等方面力量作用的方式开展相关工作。各级民政部门、基层政府、基层群众性自治组织和社会救助机构作为救助保护留守儿童的桥头堡，在此期间根据具体情况，结合上级下发的规定，采取针对性的措施，维护孤寡老人和留守儿童的权益。

问题81：突发公共卫生事件之下社区工作超负荷，独居老人、儿童生活问题如何解决？

答：新冠肺炎疫情这一突发公共卫生事件导致许多人被采取防治措施或应急处置措施，很多家庭只剩下儿童或老人独自留守家中，无人照料。随着这种情况的增多，社区工作人员和志愿者数量已远远无法满足现实需要，对此应当采取其他应对措施。

首先，可以开放部分幼儿园和养老机构集中照料独居家中、身体健康未受影响、没有能力独自照顾自己的老人和儿童，节约人力。其次，对于那些有能力独居家中的老人，可以在每周的固定时间安排人员上门送物资，如食品、医用口罩、酒精等，保障他们基本生活需要，减少他们的出门频率。同时还可以安排线上问候，每日询问独居老人的生活情况、健康状况等，向其介绍与防治有关的知识，提高他们对当前疫情的了解程度。当然，独居老人、儿童生活问题应当兼顾物质和精神层面，除了生活照料，心理疏导也非常重要。亲人不在身边，因封闭隔离措施无法出门散心，独居老人和独居儿

二、家庭法律实务100问

童可能会产生孤独感、焦虑感和不安全感，甚至产生抑郁症等心理问题。缺乏人与人之间的沟通交流使得这些心理问题得不到疏解，更需要专业的心理团队进行安抚和疏导。

（八）劳动保障

问题82：突发公共卫生事件期间，家庭成员能否以照顾家庭为由要求防控一线单位提出对其家庭成员的"强制休息令"？

答：《中华人民共和国劳动法》（以下简称《劳动法》）第三十六条规定："国家实行劳动者每日工作时间不超过八小时、平均每周工作时间不超过四十四小时的工时制度。"第三十八条规定："用人单位应当保证劳动者每周至少休息一日。"第四十一条规定："用人单位由于生产经营需要，经与工会和劳动者协商后可以延长工作时间，一般每日不得超过一小时；因特殊原因需要延长工作时间的，在保障劳动者身体健康的条件下延长工作时间每日不得超过三小时，但是每月不得超过三十六小时。"在突发公共卫生事件期间，用人单位可能会以周或月为单位计算工作周期，《特殊工时管理规定（征求意见稿）》虽然没有正式实施，其第十条在此也可以作为一个参考："在实行综合计算工时工作制岗位上工作的劳动者，每日最长工作时间（含正常工作时间和延长工作时间）不得超过11小时。企业应当保证此类劳动者每两周至少有一个连续24小时的休息日。"可见，在突发公共卫生事件期间一线防控单位也应保障劳动者适当的休息权。

但也要注意《劳动法》第四十二条另有规定："有下列情形之一的，延长工作时间不受本法第四十一条规定的限制：（一）发生自然灾害、事故或者因其他原因，威胁劳动者生命健康和财产安全，需要紧急处理的；（二）生产设备、交通运输线路、公共设施发生故障，影响生产和公众利益,必须及时抢修的;(三)法律、行政法规规定的其他情形。"

本次新冠肺炎疫情中的防控工作应该可以作为关系公共利益需要紧急处理情形,若因实际工作需要工作时间的延长的确不受《劳动法》相关规定的限制。但用人单位也应从劳动者生理、心理、家庭等多方情况考虑,新冠肺炎疫情发生以来,一线工作者坚守岗位连续作战,但战士需要休息,合理安排一线人员轮休也是科学抗击突发卫生事件的需要。以照顾家庭为由要求家庭成员休息属于合理理由,单位应予尊重,并结合《劳动法》等相关规定合理安排劳动者的调休。当前,很多防治一线单位对劳动者提出了"强制休息令",正是体现了对劳动法规的尊重和对劳动者及其家庭的关怀。

问题 83:新冠肺炎疫情这一突发公共卫生事件期间,企业对不复工的职工,能否解除劳动合同?

答:关于用人单位的单方劳动合同解除权,《中华人民共和国劳动合同法》(以下简称《劳动合同法》)第三十九条、第四十条和第四十一条分别规定了用人单位可以单方解除劳动合同的有三种情形:过错性解除、非过错性解除、经济型裁员。

对于不复工的员工,需要根据具体情况具体分析:

(1)对于感染或疑似感染新冠肺炎的患者、密切接触者因被采取隔离治疗或者医学观察等防控措施及应急处置措施不能正常复工的职工,期间以及因政府实施隔离措施或采取其他紧急措施导致不能提供正常劳动的职工,根据《关于妥善处理新型冠状病毒感染的肺炎疫情防控期间劳动关系问题的通知》(人社厅明电〔2020〕5号),企业也不得依据《劳动合同法》第四十条、四十一条规定与其解除劳动合同。当然,若职工在此期间实施违法犯罪行为依法被追究刑事责任的,企业可以依据《劳动合同法》第三十九条规定与职工解除劳动合同;

(2)若职工进行居家隔离或者因在异地无法返回工作岗位的,

企业可以安排职工在家线上办公、待岗、安排休年假及调休，或者与职工进行协商采取其他方式例如请事假；

（3）若职工因新冠肺炎意外的病情身体不适无法复工需要请病假的，按照本企业规章制度的要求履行请假手续后，计算医疗期，若职工在规定的医疗期满后仍不能从事原工作，也不能从事由企业另行安排的工作，根据《劳动合同法》第四十条的规定，"在企业提前三十日以书面形式通知职工本人或者额外支付职工一个月工资后，可以解除劳动合同"；

（4）若员工均不属于上述几种情形，单纯因为害怕感染新冠肺炎而拒绝复工的，企业在和职工对国家相关复工政策及企业复工重要性等问题进行沟通、劝导职工及时返岗后，职工仍然以其他非正当理由拒绝返岗的，在保存相关证据及进行合法流程后，企业可以就《劳动合同法》第三十九条规定的情形"严重违反用人单位的规章制度"依法予以处理。

问题84：新冠肺炎疫情这一突发公共卫生事件期间，用人单位该如何支付劳动者工资？

答：在新冠肺炎疫情这一突发公共卫生事件期间，劳动者工资的支付应根据不同情况进行处理：

（1）若属于法定节假日，依据《劳动法》第五十一条的规定，用人单位应当依法支付劳动者工资。因新冠肺炎疫情防控措施或应急处置措施等原因需要，劳动者提供了正常的劳动，对于法定节假日，须按照《劳动法》第四十四条第三项的规定，"法定休假日安排劳动者工作的，支付不低于工资的百分之三百的工资报酬"；

（2）若属于休息日，依据2008年劳社部发布的《关于职工全年月平均工作时间和工资折算问题的通知》（劳社部发〔2008〕3号）规定，休息日正常休息不用支付劳动者工资。但是，如果休息日期间，因新冠肺炎疫情防控措施或应急处置措施等原因需要，劳动者提供了正常的劳动，用人单位应当安排补休，不能安排的，根据《劳动法》

第四十四条第二项的规定,"休息日安排劳动者工作又不能安排补休的,支付不低于工资的百分之二百的工资报酬";

(3)若属于带薪年休假,根据《劳动法》第四十五条的规定,带薪年休假应当支付劳动者工资。若用人单位安排劳动者在带薪年休假期间劳动的,根据《企业职工带薪年休假实施办法》第十条的规定,用人单位安排劳动者年休假天数少于应休年休假天数,应当在本年度内对劳动者应休未休年休假天数,按照300%的标准支付未休年休假工资报酬,其中包含用人单位支付职工正常工作期间的工资收入;

(4)对于在正常工作日正常工作的劳动者,则应当按照正常工作期间的工资收入支付工资;

(5)若由于疫情影响,劳动者在家办公的,视为提供了正常劳动,工资需正常支付;

(6)若由于疫情影响,延迟复工,劳动者在家待岗的,依据《关于做好新型冠状病毒感染肺炎疫情防控期间稳定劳动关系支持企业复工复产的意见》(人社部发〔2020〕8号):"在受疫情影响的延迟复工或未返岗期间,对用完各类休假仍不能提供正常劳动或其他不能提供正常劳动的职工,指导企业参照国家关于停工、停产期间工资支付相关规定与职工协商,在一个工资支付周期内的按照劳动合同规定的标准支付工资;超过一个工资支付周期的按有关规定发放生活费。"具体工资支付规定可参见《工资支付暂行规定》第十二条;

(7)若劳动者被采取医学观察、隔离等措施导致无法提供劳动的,根据《关于妥善处理新型冠状病毒感染的肺炎疫情防控期间劳动关系问题的通知》(人社厅明电〔2020〕5号)应视同提供正常劳动,正常支付劳动者工资。此外,如果劳动者是因为工作感染新冠肺炎,应依照《工伤保险条例》和相关法律规定获得工伤保险待遇。

除了上述情况以外,鉴于新冠肺炎疫情防控因素影响,许多用人单位特别是企业很难正常进行生产经营,在此情形下,企业与劳动者应该互相体谅。若因疫情使得企业生产经营发生严重困难的,在不裁员的前提下,可以和劳动者进行协商,适当降低工资标准,但是劳动

二、家庭法律实务100问

者工资标准不得低于本市工资支付的最低标准。

问题85：因突发公共卫生事件导致的法定假期延长，在延长的这段期间内劳动者的工资如何支付？

答：在突发公共卫生事件期间，有时为了防止危险的进一步扩大，会采用延长放假等临时措施。以2020年春节假期为例：

根据《全国年节及纪念日放假办法》第二条第二项的规定："春节，放假3天（农历正月初一、初二、初三）"，春节的法定假期实际为三日，三日法定假期以外多出来的放假时间一般是休息日加上调休日造成的。此外，该办法中并没有对国务院进行授权，允许国务院延长法定节假日。国务院办公厅原发布的《关于2020年部分节假日安排的通知》（国办发明电〔2019〕16号）中规定："二、春节：1月24日至30日放假调休，共7天。1月19日（星期日）、2月1日（星期六）上班。"从该通知看，1月24日至30日共休息七天，包括节假日的三天和调休日的四天。

由于新冠肺炎疫情的影响，国务院办公厅《关于延长2020年春节假期的通知》（国办发明电〔2020〕1号）规定："一、延长2020年春节假期至2月2日（农历正月初九，星期日），2月3日（星期一）起正常上班。""三、因疫情防控不能休假的职工，应根据《中华人民共和国劳动法》规定安排补休，未休假期的工资报酬应按照有关政策保障落实。"由此可知，2020年春节休息时间调整为：2020年1月25日（正月初一）、1月26日（正月初二）、1月27日（正月初三）为法定节假日，2020年1月24日、1月28日、1月29日、1月30日、1月31日、2月1日①为调休日，2月2日为正常休息日。

对于2020年春节假期的延长即1月31日、2月1日和2月2日的劳动者工资支付问题，可按照休息日的相关规定进行处理。依据《劳

---

①对于延长的1月31日、2月1日这两天，根据国务院办公厅《关于延长2020年春节假期的通知》（国办发明电〔2020〕1号）可以进行补休或给予相应加班费的规定，参考《劳动法》第四十四条，与休息日的调休操作方式一致，可以视为休息日的调休。

动法》第四十四条第二项的规定，"休息日安排劳动者工作又不能安排补休的，支付不低于工资的百分之二百的工资报酬"。

问题 86：突发公共卫生事件期间，社区志愿者在工作时被感染是否能够认定为工伤？

答：2017 年国务院颁布的《志愿服务条例》第二条第二款规定："本条例所称志愿服务，是指志愿者、志愿服务组织和其他组织自愿、无偿向社会或者他人提供的公益服务。"因此，在突发公共卫生事件期间自愿、无偿向社区提供服务的人属于志愿者的范畴。

但《志愿服务条例》中并没有将志愿服务与工伤保险待遇挂钩，如志愿者想要寻求一定的保障，需要参照《工伤保险条例》。这里要区分两种人群。第一种是具有劳动者身份的志愿者，如企业单位的职工；第二种是不具有劳动者身份的志愿者，如在校大学生、退休人员等。《工伤保险条例》第一条就规定了本条例的适用范围，即"因工作遭受事故伤害或者患职业病的职工"。第二条规定了工伤条例保障人群的范围，包括"中华人民共和国境内的企业、事业单位、社会团体、民办非企业单位、基金会、律师事务所、会计师事务所等组织的职工和个体工商户的雇工"。只有属于这一范围内的劳动者才能受到《工伤保险条例》的保护。因此，不具有劳动者身份的志愿者不能受到工伤条例的保护，这类人群在志愿活动中身体健康遭到严重损害，其损失无法得到《工伤保险条例》所规定的补偿。建议通过购买保险的方式予以保障。

下面考察具有劳动者身份的志愿者工伤认定的情况。《工伤保险条例》第十五条规定了视为工伤的情形："（一）在工作时间和工作岗位，突发疾病死亡或者在 48 小时之内经抢救无效死亡的；（二）在抢险救灾等维护国家利益、公共利益活动中受到伤害的；（三）职工原在军队服役，因战、因公负伤致残，已取得革命伤残军人证，到用人单位后旧伤复发的。"对于在突发公共卫生事件期间主动参加社区防治工作的志愿者，因防治工作不属于其正式工作，也不属

二、家庭法律实务100问

于取得革命伤残军人证到用人单位后旧伤复发的情况，要想获得工伤认定，只能对第二项加以解释，即社区防治是否属于维护国家利益、公共利益的活动。

对此，应当根据志愿者身体健康受到的损害程度和在志愿活动中的表现而定。由《国务院办公厅转发民政部等部门关于加强见义勇为人员权益保护意见的通知》（国办发〔2012〕39号）可知，国家倡导见义勇为式行为，对见义勇为致残人员，落实《工伤保险条例》中的待遇。在社区防治工作中表现突出，不顾个人生命安危，为社区服务，维持社会秩序、国家安全的志愿者，如在工作中被感染，病情严重的，虽然不是"因见义勇为而致残"，但是考虑到突发公共卫生事件对生命健康安全威胁较大，且志愿者为了维护社会安全稳定做出了巨大的牺牲，应当给予其《工伤保险条例》中的待遇。

问题87：因突发公共卫生事件死亡的医护人员，除工伤保险保障外，能否追认为烈士？

答：因突发公共卫生事件死亡的医护人员，除工伤保险保障外，能被追认为烈士。新冠肺炎疫情期间，退役军人事务部于2020年2月17日下发《关于妥善做好新冠肺炎疫情防控牺牲人员烈士褒扬工作的通知》（退役军人部发〔2020〕6号），对本次疫情中因防控牺牲人员烈士认定范围做出了明确规定。《通知》中明确："在新冠肺炎疫情防控工作中，直接接触待排查病例或确诊病例，承担诊断、治疗、护理、医院感染控制、病例标本采集、病原检测以及执行转运新冠肺炎患者任务等的医务人员和防疫工作者因履行防控工作职责感染新冠肺炎以身殉职，或者其他牺牲人员，符合烈士评定（批准）条件的，应评定（批准）为烈士，根据国务院《烈士褒扬条例》的相关规定对牺牲的医护人员及其家属给予褒扬和抚恤优待。"

（九）诉讼程序

问题 88：突发公共卫生事件的发生对家事法领域的诉讼时效有何影响？

答：在家事法领域中，当事人的某些请求权本身不受诉讼时效的限制，比如与身份相关的诉讼请求，某些请求权仍适用诉讼时效，赠与合同、夫妻共同债务等就是明显的例子。

突发公共卫生事件中可能存在的问题是，特殊期间当事人主张权利的不便可能使得诉讼时效届满。解决方法可以有以下两种：一是适用《民法总则》第一百九十五条以及《最高人民法院关于审理民事案件适用诉讼时效制度若干问题的规定》中有关时效中断的规定。突发公共卫生事件期间，当事人提起诉讼存在一定困难或障碍，如果有证据表明有足以认定中断事由情形的，则应认定诉讼时效发生了中断。二是适用《民法总则》第一百九十四条关于诉讼时效中止的规定。依据该条第一款第一项和第五项，在诉讼时效期间的最后六个月内，发生不可抗力以及其他导致权利人不能行使请求权障碍的，诉讼时效中止。

对于不可抗力的认定，应根据具体情况具体考量。对于履行期限在突发公共卫生事件防控期间的，由于各地均采取了相应的封闭管理措施，事实上的确导致当事人无法履行的，应认定为不可抗力因素导致合同无法履行。但若合同履行与突发公共卫生事件防控措施无关的，则不应考虑为不可抗力。

此外，《民法总则》第一百九十四条第二款规定："自中止时效的原因消除之日起满六个月，诉讼时效期间届满。"对于中止时效的原因消除之日的界定，从对当事人权利最大限度保护的角度出

二、家庭法律实务100问

发,应该以防控措施的解除之日作为起算日较为合理。但鉴于突发公共卫生事件在各地区严重程度的不同,各地政府解除时间可能不同,解除之日难以统一。在此可以综合考虑多种因素确定,一是突发公共卫生事件的防控情况,二是当事人行使权利的便利程度,三是当事人主观上有无过错。

问题89:突发公共卫生事件的发生对婚姻领域的除斥期间有何影响?

答:婚姻类法律规范中,对于除斥期间的规定主要有以下几种:

(1)受胁迫婚姻的撤销权。《婚姻法》第十一条规定:"因胁迫结婚的,受胁迫的一方可以向婚姻登记机关或人民法院请求撤销该婚姻。受胁迫的一方撤销婚姻的请求,应当自结婚登记之日起一年内提出。被非法限制人身自由的当事人请求撤销婚姻的,应当自恢复人身自由之日起一年内提出。"该撤销权下,除斥期间为一年。

(2)当事人以及利害关系人申请宣告婚姻无效权利的行使。《最高人民法院关于适用〈中华人民共和国婚姻法〉若干问题的解释(二)》第五条规定:"夫妻一方或者双方死亡后一年内,生存一方或者利害关系人依据婚姻法第十条的规定申请宣告婚姻无效的,人民法院应当受理。"这种宣告婚姻无效的权利一般也认定为撤销权,除斥期间为一年。

(3)双方协议离婚后针对财产协议的请求变更或撤销权。《最高人民法院关于适用〈中华人民共和国婚姻法〉若干问题的解释(二)》第九条规定:"男女双方协议离婚后一年内就财产分割问题反悔,请求变更或者撤销财产分割协议的,人民法院应当受理。人民法院审理后,未发现订立财产分割协议时存在欺诈、胁迫等情形的,应当依法驳回当事人的诉讼请求。"该种变更或撤销权除斥期间为一年。

(4)离婚损害赔偿请求权的提起。《最高人民法院关于适用〈中华人民共和国婚姻法〉若干问题的解释(一)》第三十条第一款第二、三项规定:"(二)符合婚姻法第四十六条规定的无过错

方作为被告的离婚诉讼案件,如果被告不同意离婚也不基于该条规定提起损害赔偿请求的,可以在离婚后一年内就此单独提起诉讼。(三)无过错方作为被告的离婚诉讼案件,一审时被告未基于婚姻法第四十六条规定提出损害赔偿请求,二审期间提出的,人民法院应当进行调解,调解不成的,告知当事人在离婚后一年内另行起诉。"

《最高人民法院关于适用〈中华人民共和国婚姻法〉若干问题的解释(二)》第二十七条规定:"当事人在婚姻登记机关办理离婚登记手续后,以婚姻法第四十六条规定为由向人民法院提出损害赔偿请求的,人民法院应当受理。但当事人在协议离婚时已经明确表示放弃该项请求,或者在办理离婚登记手续一年后提出的,不予支持。"上述一年期的性质也为除斥期间。

(5)其他撤销权等形成权除斥期间。例如夫妻对内对外签署的协议等,若存在撤销事由,第三人可能提起撤销之诉,根据《民法总则》第一百四十七条至第一百五十一条之规定,同样需在相应的除斥期间内行使权利。

对于上述除斥期间,《民法总则》《婚姻法》及相关司法解释均明确不适用有关诉讼时效中止、中断和延长的规定。除斥期间届满,相应权利则消灭。因此,在突发公共卫生事件下,当事人若不能及时行使权利,该种权利便会消灭。本次新冠肺炎疫情期间,鉴于新冠肺炎较强的传染性和其传播的不确定性,加之实行严格的防控措施,当事人可通过网上立案等途径行使相应权利。

问题90:突发公共卫生事件对诉讼期间有何影响?

答:诉讼期间,是指审判机关、诉讼当事人和其他诉讼参与人参与诉讼活动时应当遵守的期限。根据《民事诉讼法》第八十二条规定:"期间包括法定期间和人民法院指定的期间。"法定期间是指由法律明文规定的诉讼期间。指定期间是指人民法院根据案件的需要,依职权指定当事人及其他诉讼参与人进行诉讼行为的期间,法院可依职权变更指定期间。因此,判断突发公共卫生事件是否会

二、家庭法律实务100问

影响当事人的诉讼期间，要确定诉讼期间的类型。

对于法定期间，根据《民事诉讼法》第一百六十四条的规定可知，"当事人不服地方人民法院第一审判决的，有权在判决书送达之日起十五日内向上一级人民法院提起上诉。"上诉期间为法定期间。若诉讼当事人在上诉期间，因突发公共卫生事件，被采取防治措施或应急处置措施，那么其可以依据《民事诉讼法》第八十三条的规定，在措施解除后的十日内，向法院申请顺延期限。

对于指定期间，根据《民事诉讼法》第六十五条的规定可知："人民法院根据当事人的主张和案件审理情况，确定当事人应当提供的证据及其期限。当事人在该期限内提供证据确有困难的，可以向人民法院申请延长期限，人民法院根据当事人的申请适当延长。"举证期限是指定期间。因此，当事人因突发公共卫生事件期间举证有困难，可以向法院申请延长期限。

问题91：由于突发公共卫生事件影响或被采取防治措施，当事人表示无法按时参加诉讼怎么办？

答：在新冠肺炎疫情这一突发公共卫生事件期间，由于疫情影响或被采取隔离等防治措施无法按时参加诉讼的当事人，根据《最高人民法院关于新冠肺炎疫情防控期间加强和规范在线诉讼工作的通知》（法〔2020〕49号）应当及时通过线上的方式例如电话、传真、网上诉讼平台或者微法院等方式进行在线诉讼活动，在线诉讼活动应当充分考虑案件和当事人的具体情况，尊重当事人对案件审理方式的选择权。如当事人同意采用在线诉讼方式的，法院可以按期进行在线诉讼；如当事人不同意在线诉讼或因其他原因无法进行在线诉讼，可以向法院提交延期开庭的申请，并附上如医院等有权部门开具的相关证明材料，以便法院准许延期。如案件符合诉讼法律关于中止审理有关规定，人民法院可以中止诉讼。对于中止诉讼，根据《民事诉讼法》第一百五十条第一款第四项的规定，一方当事人因不可抗拒的事由，不能参加诉讼的，中止诉讼。同时，根据第二款规定："中止诉讼的原因消除后，恢

复诉讼。"因此,在突发公共卫生事件解除后,法院应当恢复诉讼。

问题92:突发公共卫生事件期间,夫妻是否可以撤回离婚之诉?

答:是否撤诉需要遵循当事人的意思表示。应当由原告自愿提起撤诉,并且撤诉的时间必须是在法院受理案件之后,宣告判决之前。撤诉必须由人民法院作出裁定,根据《民事诉讼法》第一百四十五条第一款的规定:"审判前,原告申请撤诉的,是否准许,由人民法院裁定。"原告申请撤诉,人民法院应当依法进行审查,申请符合条件的,裁定准许撤诉,案件审理终结;申请不符合条件的,裁定驳回申请,案件继续审理。

撤回离婚之诉的方式是灵活的。因为突发公共卫生事件的原因,当事人要撤回离婚之诉,除了以书面或口头的形式之外,还可以以线上的方式,向管辖法院提出撤诉的申请。根据《最高人民法院关于新冠肺炎疫情防控期间加强和规范在线诉讼工作的通知》(法〔2020〕49号),要求各级人民法院依托在线诉讼平台,全面开展网上在线诉讼活动,在突发公共卫生事件防控期间可以通过网上方式进行立案、开庭、调解等工作。因此,当事人要撤回离婚之诉,可以以线上的方式,向管辖法院提出撤诉的申请。

(十)其他

问题93:突发公共卫生事件期间,学校延期开学,绝大多数学校采用线上教育方式。在线上教育过程中网络服务提供者可能会承担什么法律责任?

答:根据《最高人民法院、最高人民检察院关于办理非法利用

信息网络、帮助信息网络犯罪活动等刑事案件适用法律若干问题的解释》第一条规定："提供下列服务的单位和个人应当认定为刑法第二百八十六条之一第一款规定的'网络服务提供者'：（一）网络接入、域名注册解析等信息网络接入、计算、存储、传输服务；（二）信息发布、搜索引擎、即时通讯、网络支付、网络预约、网络购物、网络游戏、网络直播、网站建设、安全防护、广告推广、应用商店等信息网络应用服务；（三）利用信息网络提供的电子政务、通信、能源、交通、水利、金融、教育、医疗等公共服务。"

网络服务提供者如果不履行法律规定的对信息网络安全进行管理的义务，首先可能要承担网络侵权责任。根据《侵权责任法》第三十六条第一款规定："网络用户、网络服务提供者利用网络侵害他人民事权益的，应当承担侵权责任。"在网络空间条件下，网络服务提供者应当维护使用者的合法权益，不得滥用使用者的个人信息。在线上教育过程中，网络服务提供者如果利用网络侵害学生或教师的隐私权，将承担侵权责任。

其次，根据《中华人民共和国刑法》第二百八十六条之一第一款规定："网络服务提供者不履行法律、行政法规规定的信息网络安全管理义务，经监管部门责令采取改正措施而拒不改正，有下列情形之一的，处三年以下有期徒刑、拘役或者管制，并处或者单处罚金：（一）致使违法信息大量传播的；（二）致使用户信息泄露，造成严重后果的；（三）致使刑事案件证据灭失，情节严重的；（四）有其他严重情节的。"有第二百八十六条之一规定的情形的，网络服务提供者还应当承担相应的刑事责任。《中华人民共和国网络安全法》（以下简称《网络安全法》）第四章规定了网络运营者应当履行的网络信息安全管理义务，其中包括合法收集、使用、保存用户个人信息；加强对其用户发布的信息的管理；不得对个人和组织发送的电子信息设置恶意程序等。如违反《网络安全法》规定的义务，有关部门责令整改后拒不整改的，将根据《网络安全法》第六章对不履行信息网络安全义务法律责任的规定，接受相应的行政处罚。

因此，在线上教育过程中，网络服务提供者如果未按相关法律法规规定履行义务，可能会承担民事责任、刑事责任和行政责任。

问题 94：受突发公共卫生事件影响死亡后，患病逝者的遗体处置工作如何进行？

答：在突发公共卫生事件中，患病逝者的遗体也具有较高的传染风险，其遗体的处置方式为火化。以新冠肺炎疫情这一突发公共卫生事件为例，根据国家卫生健康委办公厅、民政部办公厅、公安部办公厅最新发布的《关于印发新型冠状病毒感染的肺炎患者遗体处置工作指引（试行）的通知》（国卫办医函〔2020〕89号）可以看到，凡是在境内因新冠肺炎死亡的逝者遗体（以下简称逝者遗体）均应火化。本省（区、市）内的逝者遗体应当就近全部火化，不得采用埋葬或其他保存遗体方式；本省（区、市）以外地区的逝者遗体不得进入本省域，按照就近原则就地火化；少数民族逝者的遗体，火化后骨灰可按照民族习俗进行安置；在华外国人及港澳台人士的逝者遗体，其火化后的骨灰可按逝者家属意愿运输出境。同时，对于疑似新冠肺炎患者，按照"疑似从有"的原则处理。

根据上述通知，遗体处置流程有下列九项：（一）死亡报告。（二）卫生防疫处理。（三）手续交接。（四）遗体转运。（五）人员防护。（六）遗体火化。（七）骨灰移交。（八）环境消毒。（九）信息管理。

问题 95：受突发公共卫生事件影响死亡后，逝者的家属如何办理丧事活动？

答：在突发公共卫生事件中感染而死的逝者，其遗体仍可能存在着传染风险，家属若利用遗体进行丧葬活动不利于疾病传播的防控。因此，逝者家属在办理丧事活动中应尽可能简办。以新冠肺炎疫情这一突发公共卫生事件为例，对于丧事活动，《关于印发新型冠状病毒感染的肺炎患者遗体处置工作指引（试行）的通知》（国卫办医函〔

二、家庭法律实务100问

2020〕89号）规定："新冠肺炎患者死亡后，不得举行遗体告别仪式和利用遗体进行其他形式的丧葬活动"；"不举办守灵、告别、祭奠等人员聚集活动"。《殡葬服务机构新型冠状病毒感染肺炎患者遗体处置及疫情防控工作指引（试行）》（民办发〔2020〕2号）中也规定："火化前不可进行遗容瞻仰、告别等活动。"

对痛失亲人的逝者家属，应感谢他们对疫情期间防控措施的理解、支持，同时要做好心理抚慰，可以建立网上纪念馆，以抒发亲属的怀念和哀思，或者可以引导他们在新冠肺炎疫情结束后为逝去的亲人举办追思会。

问题96：在对受突发公共卫生事件影响死亡后的逝者遗体进行火化的过程中，若发现贵重财物该如何处理？

答：根据《殡葬服务机构新型冠状病毒感染肺炎患者遗体处置及疫情防控工作指引（试行）》（民办发〔2020〕2号）的规定来看，为了卫生防疫等防治措施考虑，患者或疑似患者的遗体接运、火化工作全程由专门机构处理，对遗体进行严格的密封措施和消毒处理，对死者财物的检查只可能出现在卫生防疫处理前和火化后。

对遗体进行防疫处理时，若遗体身上还有贵重财物的，依据《继承法》的相关规定，其财物属于逝者遗产，医疗卫生机构应对其进行妥善保管并消毒处理，还给家属。因医疗机构的原因对财物没有进行归类或归属出错，使得财物丢失或毁损，相关权利人如法定继承人或遗嘱确定的继承人，可以向医疗机构追究责任，要求其返还财物或赔偿损失；若逝者没有遗嘱、遗赠扶养协议，也没有继承人，依据《继承法》第三十二条："无人继承又无人受遗赠的遗产，归国家所有；死者生前是集体所有制组织成员的，归所在集体所有制组织所有。"

在火化后若发现逝者贵重财产，参照《广东省民政厅遗体火化管理工作暂行规定》第十四条规定："装灰时发现贵重物品及时上交处理，交还丧属"，火化后若发现还有贵重物品，殡仪馆应将其返还死者家属。若逝者没有家属，也没有权利人前来认领该物品，

那么依旧可以依据《继承法》第三十二条进行处理。

问题97：在对因突发公共卫生事件影响而死亡的逝者遗体进行火化后，若出现逝者家属领取骨灰错误的问题该如何处理？

答：若由于逝者家属的原因而出现了领错骨灰的情况，逝者亲属可以和殡仪馆进行沟通，看能否通过查找登记领取资料，查看监控等形式找回骨灰。若由于殡仪馆的疏忽烧错了遗体，或者错误识别骨灰信息使得逝者亲属收到不属于自己亲人的骨灰，逝者家属可以依据《合同法》第一百零七条的规定："当事人一方不履行合同义务或者履行合同义务不符合约定的，应当承担继续履行、采取补救措施或者赔偿损失等违约责任。"要求殡仪馆承担违约责任。如果殡仪馆在无法找回骨灰的情况下，双方可协商处理，赔偿逝者家属由此造成的损失；若已支付火化费用，考虑退还火化费用。

此外，在领取骨灰错误可归责于殡仪馆的情况下，未收到属于自己亲属真正的骨灰将会给逝者亲属带来极大的精神痛苦，根据我国2001年《最高人民法院关于确定民事侵权精神损害赔偿责任若干问题的司法解释》第四条规定："具有人格象征意义的特定纪念物品，因侵权行为而永久性灭失或者毁损，物品所有人以侵权为由，向人民法院起诉请求赔偿精神损害的，人民法院应当依法予以受理。"骨灰作为具有人格象征意义的特定纪念物品，逝者亲属可以向人民法院起诉请求精神损害赔偿。

问题98：个人如何防范突发公共卫生事件所带来的的经济风险？

答：突发公共卫生事件对人类来说是一场灾难，在这样的灾难面前，保险可以说是一种较好的防范手段。如果经济条件允许，在日常生活中，个人可以考虑购买以下险种：

（1）商业医疗保险（医疗险）

财政部与医保局联合印发了《关于做好新型冠状病毒感染的肺炎疫情医疗保障的通知》（国医保电〔2020〕5号），参考该通知，

二、家庭法律实务100问

虽然在突发公共卫生事件中感染相应疾病的患者，治疗费用按基本医保、大病保险、医疗救助支付，超出的部分将由财政兜底，患者个人不因费用问题影响就医。但是购买商业医疗保险可以赔付此次突发公共卫生事件造成的后遗症等疾病。购买商业医疗保险可在遇到重大疾病时，从保险公司获得一定的医疗费用，降低风险。

（2）意外伤害保险（意外险）

意外险是为因意外伤害造成伤亡的人支付保险金的人身保险，若不幸在突发公共卫生事件中感染病毒，在保险期间内伤残、失去劳动力甚至死亡，投保人可以获得一定的保险金。在新冠肺炎疫情期间，多地政府联合保险公司为一线工作者购买了意外伤害保险，为其提供了保险的兜底保障。且目前国内众多保险公司宣布扩展意外伤害保险责任，将此次疫情纳入保障范围。

（3）重大疾病保险（重疾险）

重大疾病保险是特定的重大疾病发生时，被保险人达到某种疾病状态（如深度昏迷、双目失明等），保险公司支付保险金的人身保险。此次疫情是突然暴发的，原不属于重疾险规定的特定重大疾病，但很多重疾险产品目前也进行了责任扩展，将其纳入保障范围。对于将此次突发公共卫生事件纳入保障范围的重疾险，如果被保险人出现深度昏迷等满足理赔条件的情况下也可获赔。

（4）人寿保险（寿险）

寿险是一种较为传统常见的，以被保险人的生死为给付条件的保险。此次新冠肺炎疫情具有传染性，且有一定程度的致死率，购买人寿保险后，在被保险人死亡的情况下可以获得赔付，从而减少家庭的经济负担。

问题99：企业如何防范突发公共卫生事件所带来的的经济风险？

答：对于企业来说，受突发公共卫生事件影响，可能会带来停工停产、员工患病等一系列问题，从而使得企业蒙受巨大的经济损失。为防范此类经济风险，在日常经营活动中，企业可以考虑购买

以下险种：

（1）营业中断险

营业中断险是指在保险期间内，发生了保险合同规定的特殊情形，被保险人遭受物质损失，经营中断时，保险人按照合同约定赔偿其损失的预期净利润的保险。由于突发公共卫生事件造成的企业停工停产、无法正常经营等情况，给很多企业造成了巨大的损失，这一险种可在一定程度上进行补偿。根据此次疫情，多地政府联合保险公司推出"复工复产企业疫情防控综合保险"，该保险是营业中断险的一种，能够在一定程度上维护企业的权益。

（2）雇主责任险

雇主责任险是指在保险期内，当企业所雇用的员工在受雇过程中遭受了保单中约定的损害，发生伤残或死亡，企业需要承担赔偿责任的，保险人根据保单的约定承担该赔偿责任的保险。

在通常情况下，雇主责任险的赔偿责任不包括被保险人的雇员感染传染病的情况。但是，由于此次新冠肺炎疫情的特殊性，各保险公司针对性地更改了保险条款，为企业提供保障。对于一线医护人员，若在救治过程中感染属于工伤保险的范围，雇主责任险可以进行赔付。对于其他员工，在工作时间和工作岗位上感染，也属于工伤。此外，新冠肺炎疫情期间一些企业由于用工增加会使用"共享员工"，即令其他公司的员工临时到本公司工作。目前法律对这一用工形式尚未有明确的规定，万一在其中发生工伤纠纷，雇主责任险可以对该种情况进行赔偿。

（3）团体意外险

团体意外险是个人意外伤害险的特殊种类，是以团体方式进行投保的保险形式，投保人为团体、合法机关、企业、事业单位等。与个人意外伤害险相比，团体意外险保费较低，且更加灵活，在保险期间被保险人可自由调动变更；在购买团体意外险时只用签订一张保险单，便利了投保人。

实际上，针对新冠肺炎疫情这一突发公共卫生事件，不同的保

二、家庭法律实务100问

险公司推出了面向企业的相应的保险种类,企业可以根据自身需要购买相应的特定保险。

问题100:在新冠肺炎疫情这一突发公共卫生事件中,被感染患者的治疗费用及隔离费用该如何承担?

答:若在新冠肺炎疫情这一突发公共卫生事件中不幸被感染,患者所面临的治疗和隔离费用都将会是十分高昂的。那么,为了防止出现患者因费用问题不去就医或拒绝隔离而导致严重后果的情况的出现,治疗费用及隔离费用该如何承担呢?

对于患者的治疗费用来说,根据《关于做好新型冠状病毒感染的肺炎疫情医疗保障的通知》(国医保电〔2020〕5号)的规定:"确保患者不因费用问题影响就医。一是对于确诊新型冠状病毒感染的肺炎患者发生的医疗费用,在基本医保、大病保险、医疗救助等按规定支付后,个人负担部分由财政给予补助,实施综合保障。二是对于确诊新型冠状病毒感染的肺炎的异地就医患者,先救治后结算,报销不执行异地转外就医支付比例调减规定。三是确诊新型冠状病毒感染的肺炎患者使用的药品和医疗服务项目,符合卫生健康部门制定的新型冠状病毒感染的肺炎诊疗方案的,可临时性纳入医保基金支付范围。"可以看出,为了确保患者不因费用问题而影响就医,其医疗费用是由国家来兜底的。此外,根据自身的情况和需要,我们还可以在平时购买商业保险。商业保险作为国家兜底救治费用之外的补充保险,还可以赔付因新冠肺炎等疾病导致的后遗症、全残以及身故等,大大降低了个人及家庭面对突发公共卫生事件时的经济风险。

对于在突发公共卫生事件中被隔离者的隔离费用来说,根据《中华人民共和国传染病防治法》第四十一条:"对已经发生甲类传染病病例的场所或者该场所内的特定区域的人员,所在地的县级以上地方人民政府可以实施隔离措施,并同时向上一级人民政府报告;接到报告的上级人民政府应当即时作出是否批准的决定。上级人民政府作出不予批准决定的，实施隔离措施的人民政府应当立即解除隔离措施。在隔离期间，实施隔离措施的人民政府应当对被隔离人员提供生活保障；被隔离人员有工作单位的，所在单位不得停止支付其隔离期间的工作报酬。隔离措施的解除，由原决定机关决定并宣布。"根据《中华人民共和国国家卫生健康委员会公告》（2020年第1号）的规定，新冠肺炎采用甲类传染病的预防、控制措施。可见，在新冠肺炎疫情隔离期间的隔离费用应依据实施隔离措施的人民政府的公告或文件来执行。

附件：相关法律法规文件重要条文摘选

一、宪法及应急防控

中华人民共和国宪法

第四十九条

父母有抚养教育未成年子女的义务，成年子女有赡养扶助父母的义务。

中华人民共和国传染病防治法

第三十九条

医疗机构发现甲类传染病时，应当及时采取下列措施：

（一）对病人、病原携带者，予以隔离治疗，隔离期限根据医学检查结果确定；

（二）对疑似病人，确诊前在指定场所单独隔离治疗；

（三）对医疗机构内的病人、病原携带者、疑似病人的密切接触者，在指定场所进行医学观察和采取其他必要的预防措施。

拒绝隔离治疗或者隔离期未满擅自脱离隔离治疗的，可以由公安机关协助医疗机构采取强制隔离治疗措施。

医疗机构发现乙类或者丙类传染病病人,应当根据病情采取必要的治疗和控制传播措施。

医疗机构对本单位内被传染病病原体污染的场所、物品以及医疗废物,必须依照法律、法规的规定实施消毒和无害化处置。

第四十条

疾病预防控制机构发现传染病疫情或者接到传染病疫情报告时,应当及时采取下列措施:

(一)对传染病疫情进行流行病学调查,根据调查情况提出划定疫点、疫区的建议,对被污染的场所进行卫生处理,对密切接触者,在指定场所进行医学观察和采取其他必要的预防措施,并向卫生行政部门提出疫情控制方案;

(二)传染病暴发、流行时,对疫点、疫区进行卫生处理,向卫生行政部门提出疫情控制方案,并按照卫生行政部门的要求采取措施;

(三)指导下级疾病预防控制机构实施传染病预防、控制措施,组织、指导有关单位对传染病疫情的处理。

第四十一条

对已经发生甲类传染病病例的场所或者该场所内的特定区域的人员,所在地的县级以上地方人民政府可以实施隔离措施,并同时向上一级人民政府报告;接到报告的上级人民政府应当即时作出是否批准的决定。上级人民政府作出不予批准决定的,实施隔离措施的人民政府应当立即解除隔离措施。

在隔离期间,实施隔离措施的人民政府应当对被隔离人员提供生活保障;被隔离人员有工作单位的,所在单位不得停止支付其隔离期间的工作报酬。

隔离措施的解除,由原决定机关决定并宣布。

第四十二条

传染病暴发、流行时,县级以上地方人民政府应当立即组织力量,按照预防、控制预案进行防治,切断传染病的传播途径,必要时,

报经上一级人民政府决定,可以采取下列紧急措施并予以公告:

(一)限制或者停止集市、影剧院演出或者其他人群聚集的活动;

(二)停工、停业、停课;

(三)封闭或者封存被传染病病原体污染的公共饮用水源、食品以及相关物品;

(四)控制或者扑杀染疫野生动物、家畜家禽;

(五)封闭可能造成传染病扩散的场所。

上级人民政府接到下级人民政府关于采取前款所列紧急措施的报告时,应当即时作出决定。

紧急措施的解除,由原决定机关决定并宣布。

第四十三条

甲类、乙类传染病暴发、流行时,县级以上地方人民政府报经上一级人民政府决定,可以宣布本行政区域部分或者全部为疫区;国务院可以决定并宣布跨省、自治区、直辖市的疫区。县级以上地方人民政府可以在疫区内采取本法第四十二条规定的紧急措施,并可以对出入疫区的人员、物资和交通工具实施卫生检疫。

省、自治区、直辖市人民政府可以决定对本行政区域内的甲类传染病疫区实施封锁;但是,封锁大、中城市的疫区或者封锁跨省、自治区、直辖市的疫区,以及封锁疫区导致中断干线交通或者封锁国境的,由国务院决定。

疫区封锁的解除,由原决定机关决定并宣布。

第四十四条

发生甲类传染病时,为了防止该传染病通过交通工具及其乘运的人员、物资传播,可以实施交通卫生检疫。具体办法由国务院制定。

第四十五条

传染病暴发、流行时,根据传染病疫情控制的需要,国务院有权在全国范围或者跨省、自治区、直辖市范围内,县级以上地方人民政府有权在本行政区域内紧急调集人员或者调用储备物资,临时征用房屋、交通工具以及相关设施、设备。

紧急调集人员的，应当按照规定给予合理报酬。临时征用房屋、交通工具以及相关设施、设备的，应当依法给予补偿；能返还的，应当及时返还。

第四十六条

患甲类传染病、炭疽死亡的，应当将尸体立即进行卫生处理，就近火化。患其他传染病死亡的，必要时，应当将尸体进行卫生处理后火化或者按照规定深埋。

为了查找传染病病因，医疗机构在必要时可以按照国务院卫生行政部门的规定，对传染病病人尸体或者疑似传染病病人尸体进行解剖查验，并应当告知死者家属。

第四十七条

疫区中被传染病病原体污染或者可能被传染病病原体污染的物品，经消毒可以使用的，应当在当地疾病预防控制机构的指导下，进行消毒处理后，方可使用、出售和运输。

第四十八条

发生传染病疫情时，疾病预防控制机构和省级以上人民政府卫生行政部门指派的其他与传染病有关的专业技术机构，可以进入传染病疫点、疫区进行调查、采集样本、技术分析和检验。

第四十九条

传染病暴发、流行时，药品和医疗器械生产、供应单位应当及时生产、供应防治传染病的药品和医疗器械。铁路、交通、民用航空经营单位必须优先运送处理传染病疫情的人员以及防治传染病的药品和医疗器械。县级以上人民政府有关部门应当做好组织协调工作。

突发公共卫生事件应急条例

第二条

本条例所称突发公共卫生事件（以下简称突发事件），是指突然发生，造成或者可能造成社会公众健康严重损害的重大传染病疫情、群体性不明原因疾病、重大食物和职业中毒以及其他严重影响公众健康的事件。

国家突发公共事件总体应急预案

1.3 分类分级

本预案所称突发公共事件是指突然发生，造成或者可能造成重大人员伤亡、财产损失、生态环境破坏和严重社会危害，危及公共安全的紧急事件。

根据突发公共事件的发生过程、性质和机理，突发公共事件主要分为以下四类：

(1)自然灾害。主要包括水旱灾害，气象灾害，地震灾害，地质灾害，海洋灾害，生物灾害和森林草原火灾等。

(2)事故灾难。主要包括工矿商贸等企业的各类安全事故，交通运输事故，公共设施和设备事故，环境污染和生态破坏事件等。

(3)公共卫生事件。主要包括传染病疫情，群体性不明原因疾病，食品安全和职业危害，动物疫情，以及其他严重影响公众健康和生命安全的事件。

(4)社会安全事件。主要包括恐怖袭击事件，经济安全事件和涉外突发事件等。

各类突发公共事件按照其性质、严重程度、可控性和影响范围等因素，一般分为四级：Ⅰ级（特别重大）、Ⅱ级（重大）、Ⅲ级（较大）和Ⅳ级（一般）。

3.2 应急处置

3.2.1 信息报告

特别重大或者重大突发公共事件发生后，各地区、各部门要立即报告，最迟不得超过4小时，同时通报有关地区和部门。应急处置过程中，要及时续报有关情况。

突发公共卫生事件中的家庭法律实务问答

3.2.2 先期处置

突发公共事件发生后,事发地的省级人民政府或者国务院有关部门在报告特别重大、重大突发公共事件信息的同时,要根据职责和规定的权限启动相关应急预案,及时、有效地进行处置,控制事态。

在境外发生涉及中国公民和机构的突发事件,我驻外使领馆、国务院有关部门和有关地方人民政府要采取措施控制事态发展,组织开展应急救援工作。

3.2.3 应急响应

对于先期处置未能有效控制事态的特别重大突发公共事件,要及时启动相关预案,由国务院相关应急指挥机构或国务院工作组统一指挥或指导有关地区、部门开展处置工作。

现场应急指挥机构负责现场的应急处置工作。

需要多个国务院相关部门共同参与处置的突发公共事件,由该类突发公共事件的业务主管部门牵头,其他部门予以协助。

3.2.4 应急结束

特别重大突发公共事件应急处置工作结束,或者相关危险因素消除后,现场应急指挥机构予以撤销。

二、民法·民事主体及合同等

中华人民共和国民法通则

第十六条

未成年人的父母是未成年人的监护人。

未成年人的父母已经死亡或者没有监护能力的,由下列人员中

有监护能力的人担任监护人：

（一）祖父母、外祖父母；

（二）兄、姐；

（三）关系密切的其他亲属、朋友愿意承担监护责任，经未成年人的父、母的所在单位或者未成年人住所地的居民委员会、村民委员会同意的。

对担任监护人有争议的，由未成年人的父、母的所在单位或者未成年人住所地的居民委员会、村民委员会在近亲属中指定。对指定不服提起诉讼的，由人民法院裁决。

没有第一款、第二款规定的监护人的，由未成年人的父、母的所在单位或者未成年人住所地的居民委员会、村民委员会或者民政部门担任监护人。

第十七条

无民事行为能力或者限制民事行为能力的精神病人，由下列人员担任监护人：

（一）配偶；

（二）父母；

（三）成年子女；

（四）其他近亲属；

（五）关系密切的其他亲属、朋友愿意承担监护责任，经精神病人的所在单位或者住所地的居民委员会、村民委员会同意的。

对担任监护人有争议的，由精神病人的所在单位或者住所地的居民委员会、村民委员会在近亲属中指定。对指定不服提起诉讼的，由人民法院裁决。

没有第一款规定的监护人的，由精神病人的所在单位或者住所地的居民委员会、村民委员会或者民政部门担任监护人。

第十八条

监护人应当履行监护职责，保护被监护人的人身、财产及其他合法权益，除为被监护人的利益外，不得处理被监护人的财产。

监护人依法履行监护的权利,受法律保护。

监护人不履行监护职责或者侵害被监护人的合法权益的,应当承担责任;给被监护人造成财产损失的,应当赔偿损失。人民法院可以根据有关人员或者有关单位的申请,撤销监护人的资格。

第七十八条

财产可以由两个以上的公民、法人共有。共有分为按份共有和共同共有。按份共有人按照各自的份额,对共有财产分享权利,分担义务。共同共有人对共有财产享有权利,承担义务。按份共有财产的每个共有人有权要求将自己的份额分出或者转让。但在出售时,其他共有人在同等条件下,有优先购买的权利。

第一百一十九条

侵害公民身体造成伤害的,应当赔偿医疗费、因误工减少的收入、残废者生活补助费等费用;造成死亡的,并应当支付丧葬费、死者生前扶养的人必要的生活费等费用。

第一百三十六条

下列的诉讼时效期间为一年:

(一)身体受到伤害要求赔偿的;

(二)出售质量不合格的商品未声明的;

(三)延付或者拒付租金的;

(四)寄存财物被丢失或者损毁的。

最高人民法院关于贯彻执行《中华人民共和国民法通则》若干问题的意见(试行)

第十条

监护人的监护职责包括:保护被监护人的身体健康,照顾被监护人的生活,管理和保护被监护人的财产,代理被监护人进行民事活动,对被监护人进行管理和教育,在被监护人合法权益受到侵害或者与人发生争议时,代理其进行诉讼。

附件：相关法律法规文件重要条文摘选

第十一条

认定监护人的监护能力，应当根据监护人的身体健康状况、经济条件，以及与被监护人在生活上的联系状况等因素确定。

第十二条

民法通则中规定的近亲属包括配偶、父母、子女、兄弟姐妹、祖父母、外祖父母、孙子女、外孙子女。

第十七条

有关组织依照民法通则规定指定监护人，以书面或者口头通知了被指定人的，应当认定指定成立。被指定人不服的，应当在接到通知的次日起三十日内向人民法院起诉。逾期起诉的，按变更监护关系处理。

第二十二条

监护人可以将监护职责部分或者全部委托给他人。因被监护人的侵权行为需要承担民事责任的，应当由监护人承担，但另有约定的除外；被委托人确有过错的，负连带责任。

中华人民共和国民法总则

第一条

为了保护民事主体的合法权益，调整民事关系，维护社会和经济秩序，适应中国特色社会主义发展要求，弘扬社会主义核心价值观，根据宪法，制定本法。

第十七条

十八周岁以上的自然人为成年人。不满十八周岁的自然人为未成年人。

第十八条

成年人为完全民事行为能力人，可以独立实施民事法律行为。十六周岁以上的未成年人，以自己的劳动收入为主要生活来源的，视为完全民事行为能力人。

第十九条

八周岁以上的未成年人为限制民事行为能力人,实施民事法律行为由其法定代理人代理或者经其法定代理人同意、追认,但是可以独立实施纯获利益的民事法律行为或者与其年龄、智力相适应的民事法律行为。

第二十条

不满八周岁的未成年人为无民事行为能力人,由其法定代理人代理实施民事法律行为。

第二十一条

不能辨认自己行为的成年人为无民事行为能力人,由其法定代理人代理实施民事法律行为。八周岁以上的未成年人不能辨认自己行为的,适用前款规定。

第二十二条

不能完全辨认自己行为的成年人为限制民事行为能力人,实施民事法律行为由其法定代理人代理或者经其法定代理人同意、追认,但是可以独立实施纯获利益的民事法律行为或者与其智力、精神健康状况相适应的民事法律行为。

第二十三条

无民事行为能力人、限制民事行为能力人的监护人是其法定代理人。

第二十四条

不能辨认或者不能完全辨认自己行为的成年人,其利害关系人或者有关组织,可以向人民法院申请认定该成年人为无民事行为能力人或者限制民事行为能力人。被人民法院认定为无民事行为能力人或者限制民事行为能力人的,经本人、利害关系人或者有关组织申请,人民法院可以根据其智力、精神健康恢复的状况,认定该成年人恢复为限制民事行为能力人或者完全民事行为能力人。本条规定的有关组织包括:居民委员会、村民委员会、学校、医疗机构、妇女联合会、残疾人联合会、依法设立的老年人组织、民政部门等。

附件：相关法律法规文件重要条文摘选

第二十六条

父母对未成年子女负有抚养、教育和保护的义务。成年子女对父母负有赡养、扶助和保护的义务。

第二十七条

父母是未成年子女的监护人。未成年人的父母已经死亡或者没有监护能力的，由下列有监护能力的人按顺序担任监护人：（一）祖父母、外祖父母；（二）兄、姐；（三）其他愿意担任监护人的个人或者组织，但是须经未成年人住所地的居民委员会、村民委员会或者民政部门同意。

第二十八条

无民事行为能力或者限制民事行为能力的成年人，由下列有监护能力的人按顺序担任监护人：（一）配偶；（二）父母、子女；（三）其他近亲属；（四）其他愿意担任监护人的个人或者组织，但是须经被监护人住所地的居民委员会、村民委员会或者民政部门同意。

第二十九条

被监护人的父母担任监护人的，可以通过遗嘱指定监护人。

第三十条

依法具有监护资格的人之间可以协议确定监护人。协议确定监护人应当尊重被监护人的真实意愿。

第三十一条

对监护人的确定有争议的，由被监护人住所地的居民委员会、村民委员会或者民政部门指定监护人，有关当事人对指定不服的，可以向人民法院申请指定监护人；有关当事人也可以直接向人民法院申请指定监护人。居民委员会、村民委员会、民政部门或者人民法院应当尊重被监护人的真实意愿，按照最有利于被监护人的原则在依法具有监护资格的人中指定监护人。依照本条第一款规定指定监护人前，被监护人的人身权利、财产权利以及其他合法权益处于无人保护状态的，由被监护人住所地的居民委员会、村民委员会、法律规定的有关组织或者民政部门担任临时监护人。监护人被指定

后，不得擅自变更；擅自变更的，不免除被指定的监护人的责任。

第三十二条

没有依法具有监护资格的人的，监护人由民政部门担任，也可以由具备履行监护职责条件的被监护人住所地的居民委员会、村民委员会担任。

第三十三条

具有完全民事行为能力的成年人，可以与其近亲属、其他愿意担任监护人的个人或者组织事先协商，以书面形式确定自己的监护人。协商确定的监护人在该成年人丧失或者部分丧失民事行为能力时，履行监护职责。

第三十四条

监护人的职责是代理被监护人实施民事法律行为，保护被监护人的人身权利、财产权利以及其他合法权益等。监护人依法履行监护职责产生的权利，受法律保护。监护人不履行监护职责或者侵害被监护人合法权益的，应当承担法律责任。

第三十五条

监护人应当按照最有利于被监护人的原则履行监护职责。监护人除为维护被监护人利益外，不得处分被监护人的财产。未成年人的监护人履行监护职责，在作出与被监护人利益有关的决定时，应当根据被监护人的年龄和智力状况，尊重被监护人的真实意愿。成年人的监护人履行监护职责，应当最大程度地尊重被监护人的真实意愿，保障并协助被监护人实施与其智力、精神健康状况相适应的民事法律行为。对被监护人有能力独立处理的事务，监护人不得干涉。

第三十六条

监护人有下列情形之一的，人民法院根据有关个人或者组织的申请，撤销其监护人资格，安排必要的临时监护措施，并按照最有利于被监护人的原则依法指定监护人：（一）实施严重损害被监护人身心健康行为的；（二）怠于履行监护职责，或者无法履行监护职责并且拒绝将监护职责部分或者全部委托给他人，导致被监护人

附件：相关法律法规文件重要条文摘选

处于危困状态的；（三）实施严重侵害被监护人合法权益的其他行为的。本条规定的有关个人和组织包括：其他依法具有监护资格的人，居民委员会、村民委员会、学校、医疗机构、妇女联合会、残疾人联合会、未成年人保护组织、依法设立的老年人组织、民政部门等。前款规定的个人和民政部门以外的组织未及时向人民法院申请撤销监护人资格的，民政部门应当向人民法院申请。

第三十九条

有下列情形之一的，监护关系终止：（一）被监护人取得或者恢复完全民事行为能力；（二）监护人丧失监护能力；（三）被监护人或者监护人死亡；（四）人民法院认定监护关系终止的其他情形。监护关系终止后，被监护人仍然需要监护的，应当依法另行确定监护人。

第一百四十二条

有相对人的意思表示的解释，应当按照所使用的词句，结合相关条款、行为的性质和目的、习惯以及诚信原则，确定意思表示的含义。

第一百四十五条

限制民事行为能力人实施的纯获利益的民事法律行为或者与其年龄、智力、精神健康状况相适应的民事法律行为有效；实施的其他民事法律行为经法定代理人同意或者追认后有效。相对人可以催告法定代理人自收到通知之日起一个月内予以追认。法定代理人未作表示的，视为拒绝追认。民事法律行为被追认前，善意相对人有撤销的权利。撤销应当以通知的方式作出。

第一百四十七条

基于重大误解实施的民事法律行为，行为人有权请求人民法院或者仲裁机构予以撤销。

第一百四十八条

一方以欺诈手段，使对方在违背真实意思的情况下实施的民事法律行为，受欺诈方有权请求人民法院或者仲裁机构予以撤销。

第一百四十九条

第三人实施欺诈行为，使一方在违背真实意思的情况下实施的民事法律行为，对方知道或者应当知道该欺诈行为的，受欺诈方有权请求人民法院或者仲裁机构予以撤销。

第一百五十条

一方或者第三人以胁迫手段，使对方在违背真实意思的情况下实施的民事法律行为，受胁迫方有权请求人民法院或者仲裁机构予以撤销。

第一百五十一条

一方利用对方处于危困状态、缺乏判断能力等情形，致使民事法律行为成立时显失公平的，受损害方有权请求人民法院或者仲裁机构予以撤销。

第一百八十条

因不可抗力不能履行民事义务的，不承担民事责任。法律另有规定的，依照其规定。

不可抗力是指不能预见、不能避免且不能克服的客观情况。

第一百八十八条

向人民法院请求保护民事权利的诉讼时效期间为三年。法律另有规定的，依照其规定。

诉讼时效期间自权利人知道或者应当知道权利受到损害以及义务人之日起计算。法律另有规定的，依照其规定。但是自权利受到损害之日起超过二十年的，人民法院不予保护；有特殊情况的，人民法院可以根据权利人的申请决定延长。

第一百九十二条

诉讼时效期间届满的，义务人可以提出不履行义务的抗辩。

诉讼时效期间届满后，义务人同意履行的，不得以诉讼时效期间届满为由抗辩；义务人已自愿履行的，不得请求返还。

第一百九十三条

人民法院不得主动适用诉讼时效的规定。

附件：相关法律法规文件重要条文摘选

第一百九十四条

在诉讼时效期间的最后六个月内，因下列障碍，不能行使请求权的，诉讼时效中止：

（一）不可抗力；

（二）无民事行为能力人或者限制民事行为能力人没有法定代理人，或者法定代理人死亡、丧失民事行为能力、丧失代理权；

（三）继承开始后未确定继承人或者遗产管理人；

（四）权利人被义务人或者其他人控制；

（五）其他导致权利人不能行使请求权的障碍。

自中止时效的原因消除之日起满六个月，诉讼时效期间届满。

第一百九十五条

有下列情形之一的，诉讼时效中断，从中断、有关程序终结时起，诉讼时效期间重新计算：

（一）权利人向义务人提出履行请求；

（二）义务人同意履行义务；

（三）权利人提起诉讼或者申请仲裁；

（四）与提起诉讼或者申请仲裁具有同等效力的其他情形。

第一百九十七条

诉讼时效的期间、计算方法以及中止、中断的事由由法律规定，当事人约定无效。

当事人对诉讼时效利益的预先放弃无效。

最高人民法院关于适用《中华人民共和国民法总则》诉讼时效制度若干问题的解释

第一条

民法总则施行后诉讼时效期间开始计算的，应当适用民法总则第一百八十八条关于三年诉讼时效期间的规定。当事人主张适用民法通则关于二年或者一年诉讼时效期间规定的，人民法院不予支持。

儿童权利公约

第一条

为本公约之目的，儿童系指18岁以下的任何人，除非对其适用之法律规定成年年龄少于18岁。

中华人民共和国未成年人保护法

第二条

本法所称未成年人是指未满十八周岁的公民。

第十三条

父母或者其他监护人应当尊重未成年人受教育的权利，必须使适龄未成年人依法入学接受并完成义务教育，不得使接受义务教育的未成年人辍学。

第二十八条

各级人民政府应当保障未成年人受教育的权利，并采取措施保障家庭经济困难的、残疾的和流动人口中的未成年人等接受义务教育。

第五十三条

父母或者其他监护人不履行监护职责或者侵害被监护的未成年人的合法权益，经教育不改的，人民法院可以根据有关人员或者有关单位的申请，撤销其监护人的资格，依法另行指定监护人。被撤销监护资格的父母应当依法继续负担抚养费用。

第六十二条

父母或者其他监护人不依法履行监护职责，或者侵害未成年人合法权益的，由其所在单位或者居民委员会、村民委员会予以劝诫、制止；构成违反治安管理行为的，由公安机关依法给予行政处罚。

附件：相关法律法规文件重要条文摘选

中华人民共和国收养法

第四条

下列不满十四周岁的未成年人可以被收养：（一）丧失父母的孤儿；（二）查找不到生父母的弃婴和儿童；（三）生父母有特殊困难无力抚养的子女。

第六条

收养人应当同时具备下列条件：（一）无子女；（二）有抚养教育被收养人的能力；（三）未患有在医学上认为不应当收养子女的疾病；（四）年满三十周岁。

第七条

收养三代以内同辈旁系血亲的子女，可以不受本法第四条第三项、第五条第三项、第九条和被收养人不满十四周岁的限制。华侨收养三代以内同辈旁系血亲的子女，还可以不受收养人无子女的限制。

第八条

收养人只能收养一名子女。收养孤儿、残疾儿童或者社会福利机构抚养的查找不到生父母的弃婴和儿童，可以不受收养人无子女和收养一名的限制。

第九条

无配偶的男性收养女性的，收养人与被收养人的年龄应当相差四十周岁以上。

中华人民共和国老年人权益保障法

第十四条

赡养人应当履行对老年人经济上供养、生活上照料和精神上慰藉的义务，照顾老年人的特殊需要。

赡养人是指老年人的子女以及其他依法负有赡养义务的人。

赡养人的配偶应当协助赡养人履行赡养义务。

第十五条

赡养人应当使患病的老年人及时得到治疗和护理；对经济困难的老年人，应当提供医疗费用。

对生活不能自理的老年人，赡养人应当承担照料责任；不能亲自照料的，可以按照老年人的意愿委托他人或者养老机构等照料。

第二十条

经老年人同意，赡养人之间可以就履行赡养义务签订协议。赡养协议的内容不得违反法律的规定和老年人的意愿。

基层群众性自治组织、老年人组织或者赡养人所在单位监督协议的履行。

第二十三条

老年人与配偶有相互扶养的义务。

由兄、姐扶养的弟、妹成年后，有负担能力的，对年老无赡养人的兄、姐有扶养的义务。

第二十六条

具备完全民事行为能力的老年人，可以在近亲属或者其他与自己关系密切、愿意承担监护责任的个人、组织中协商确定自己的监护人。监护人在老年人丧失或者部分丧失民事行为能力时，依法承担监护责任。

老年人未事先确定监护人的，其丧失或者部分丧失民事行为能力时，依照有关法律的规定确定监护人。

中华人民共和国合同法

第二条

本法所称合同是平等主体的自然人、法人、其他组织之间设立、变更、终止民事权利义务关系的协议。婚姻、收养、监护等有关身份关系的协议，适用其他法律的规定。

附件：相关法律法规文件重要条文摘选

第五十一条

无处分权的人处分他人财产，经权利人追认或者无处分权的人订立合同后取得处分权的，该合同有效。

第五十二条

有下列情形之一的，合同无效：（一）一方以欺诈、胁迫的手段订立合同，损害国家利益；（二）恶意串通，损害国家、集体或者第三人利益；（三）以合法形式掩盖非法目的；（四）损害社会公共利益；（五）违反法律、行政法规的强制性规定。

第九十七条

合同解除后，尚未履行的，终止履行；已经履行的，根据履行情况和合同性质，当事人可以要求恢复原状、采取其他补救措施，并有权要求赔偿损失。

第一百一十二条

当事人一方不履行合同义务或者履行合同义务不符合约定的，在履行义务或者采取补救措施后，对方还有其他损失的，应当赔偿损失。

第一百一十七条

因不可抗力不能履行合同的，根据不可抗力的影响，部分或者全部免除责任，但法律另有规定的除外。当事人迟延履行后发生不可抗力的，不能免除责任。本法所称不可抗力，是指不能预见、不能避免并不能克服的客观情况。

第一百一十八条

当事人一方因不可抗力不能履行合同的，应当及时通知对方，以减轻可能给对方造成的损失，并应当在合理期限内提供证明。

第一百二十九条

因国际货物买卖合同和技术进出口合同争议提起诉讼或者申请仲裁的期限为四年，自当事人知道或者应当知道其权利受到侵害之日起计算。因其他合同争议提起诉讼或者申请仲裁的期限，依照有关法律的规定。

第一百八十六条

赠与人在赠与财产的权利转移之前可以撤销赠与。具有救灾、扶贫等社会公益、道德义务性质的赠与合同或者经过公证的赠与合同，不适用前款规定。

最高人民法院关于适用《中华人民共和国合同法》若干问题的解释（二）

第二十六条

合同成立以后客观情况发生了当事人在订立合同时无法预见的、非不可抗力造成的不属于商业风险的重大变化，继续履行合同对于一方当事人明显不公平或者不能实现合同目的，当事人请求人民法院变更或者解除合同的，人民法院应当根据公平原则，并结合案件的实际情况确定是否变更或者解除。

中华人民共和国担保法

第五十三条

债务履行期届满抵押权人未受清偿的，可以与抵押人协议以抵押物折价或者以拍卖、变卖该抵押物所得的价款受偿；协议不成的，抵押权人可以向人民法院提起诉讼。

抵押物折价或者拍卖、变卖后，其价款超过债权数额的部分归抵押人所有，不足部分由债务人清偿。

中华人民共和国物权法

第一百零一条

按份共有人可以转让其享有的共有的不动产或者动产份额。其他共有人在同等条件下享有优先购买的权利。

附件：相关法律法规文件重要条文摘选

中华人民共和国侵权责任法

第二十二条

侵害他人人身权益，造成他人严重精神损害的，被侵权人可以请求精神损害赔偿。

第三十六条

网络用户、网络服务提供者利用网络侵害他人民事权益的，应当承担侵权责任。

网络用户利用网络服务实施侵权行为的，被侵权人有权通知网络服务提供者采取删除、屏蔽、断开链接等必要措施。网络服务提供者接到通知后未及时采取必要措施的，对损害的扩大部分与该网络用户承担连带责任。

网络服务提供者知道网络用户利用其网络服务侵害他人民事权益，未采取必要措施的，与该网络用户承担连带责任。

第五十四条

患者在诊疗活动中受到损害，医疗机构及其医务人员有过错的，由医疗机构承担赔偿责任。

中华人民共和国国家赔偿法

第三十四条

侵犯公民生命健康权的，赔偿金按照下列规定计算：

（一）造成身体伤害的，应当支付医疗费、护理费，以及赔偿因误工减少的收入。减少的收入每日的赔偿金按照国家上年度职工日平均工资计算，最高额为国家上年度职工年平均工资的五倍；

（二）造成部分或者全部丧失劳动能力的，应当支付医疗费、护理费、残疾生活辅助具费、康复费等因残疾而增加的必要支出和继续治疗所必需的费用，以及残疾赔偿金。残疾赔偿金根据丧失劳

动能力的程度，按照国家规定的伤残等级确定，最高不超过国家上年度职工年平均工资的二十倍。造成全部丧失劳动能力的，对其扶养的无劳动能力的人，还应当支付生活费；

（三）造成死亡的，应当支付死亡赔偿金、丧葬费，总额为国家上年度职工年平均工资的二十倍。对死者生前扶养的无劳动能力的人，还应当支付生活费。前款第二项、第三项规定的生活费的发放标准，参照当地最低生活保障标准执行。被扶养的人是未成年人的，生活费给付至十八周岁止；其他无劳动能力的人，生活费给付至死亡时止。

中国公民收养子女登记办法

第五条

收养人应当向收养登记机关提交收养申请书和下列证件、证明材料：

（一）收养人的居民户口簿和居民身份证；

（二）由收养人所在单位或者村民委员会、居民委员会出具的本人婚姻状况、有无子女和抚养教育被收养人的能力等情况的证明；

（三）县级以上医疗机构出具的未患有在医学上认为不应当收养子女的疾病的身体健康检查证明。

收养查找不到生父母的弃婴、儿童的，并应当提交收养人经常居住地计划生育部门出具的收养人生育情况证明；其中收养非社会福利机构抚养的查找不到生父母的弃婴、儿童的，收养人还应当提交下列证明材料：

（一）收养人经常居住地计划生育部门出具的收养人无子女的证明；

（二）公安机关出具的捡拾弃婴、儿童报案的证明。

收养继子女的，可以只提交居民户口簿、居民身份证和收养人与被收养人生父或者生母结婚的证明。

附件：相关法律法规文件重要条文摘选

第七条

收养登记机关收到收养登记申请书及有关材料后，应当自次日起 30 日内进行审查。对符合收养法规定条件的，为当事人办理收养登记，发给收养登记证，收养关系自登记之日起成立；对不符合收养法规定条件的，不予登记，并对当事人说明理由。

收养查找不到生父母的弃婴、儿童的，收养登记机关应当在登记前公告查找其生父母；自公告之日起满 60 日，弃婴、儿童的生父母或者其他监护人未认领的，视为查找不到生父母的弃婴、儿童。公告期间不计算在登记办理期限内。

第八条

收养关系成立后，需要为被收养人办理户口登记或者迁移手续的，由收养人持收养登记证到户口登记机关按照国家有关规定办理。

养老机构管理办法

第九条

养老机构按照服务协议为收住的老年人提供生活照料、康复护理、精神慰藉、文化娱乐等服务。

第十条

养老机构提供的服务应当符合养老机构基本规范等有关国家标准或者行业标准和规范。

中国人民银行关于执行《储蓄管理条例》的若干规定

第四十条

储蓄存款的所有权发生争议，涉及办理过户或支付手续，应慎重处理。

（一）存款人死亡后，合法继承人为证明自己的身份和有权提取该项存款，应向储蓄机构所在地的公证处（未设公证处的地方向县、

市人民法院——下同）申请办理继承权证明书，储蓄机构凭以办理过户或支付手续。该项存款的继承权发生争执时，由人民法院判处。储蓄机构凭人民法院的判决书、裁定书或调解书办理过户或支付手续。

（二）存款人已死亡，但存款单持有人没有向储蓄机构申明遗产继承过程，也没有持存款所在地法院判决书，直接去储蓄机构支取或转存存款人生前的存款，储蓄机构都视为正常支取或转存，事后而引起的存款继承争执，储蓄机构不负责任。

（三）在国外的华侨和港澳台同胞等在国内储蓄机构的存款或委托银行代为保管的存款，原存款人死亡，其合法继承人在国内者，凭原存款人的死亡证明向储蓄机构所在地的公证处申请办理继承权证明书，储蓄机构凭以办理存款的过户或支付手续。

（四）在我国定居的外国公民（包括无国籍者），存入我国储蓄机构的存款，其存款过户或提取手续，与我国公民存款处理手续相同，照上述规定办理。与我国订有双边领事协定的外国侨民应按协定的具体规定办理。

（五）继承人在国外者，可凭原存款人的死亡证明和经我国驻该国使、领馆认证的亲属证明，向我国公证机关申请办理继承权证明书，储蓄机构凭以办理存款的过户或支付手续。继承人所在国如系禁汇国家，按上述规定办理有困难时，可由当地侨团、友好社团和爱国侨领、友好人士提供证明，并由我驻所在国使领馆认证后，向我国公证机关申请办理继承权证明书，储蓄机构再凭以办理过户或支付手续。继承人所在国如未与我建交，应根据特殊情况，特殊处理。居住国外的继承人继承在我国内储蓄机构的存款，能否汇出国外，按我国外汇管理条例的有关规定办理。

（六）存款人死亡后，无法定继承人又无遗嘱的，经当地公证机关证明，按财政部门规定，全民所有制企事业单位、国家机关、群众团体的职工存款，上缴国库收归国有。集体所有制企事业单位的职工，可转归集体所有。此项上缴国库或转归集体所有的存款都不计利息。

附件：相关法律法规文件重要条文摘选

最高人民法院关于审理人身损害赔偿案件适用法律若干问题的解释

第十七条

受害人遭受人身损害，因就医治疗支出的各项费用以及因误工减少的收入，包括医疗费、误工费、护理费、交通费、住宿费、住院伙食补助费、必要的营养费，赔偿义务人应当予以赔偿。

受害人因伤致残的，其因增加生活上需要所支出的必要费用以及因丧失劳动能力导致的收入损失，包括残疾赔偿金、残疾辅助器具费、被扶养人生活费，以及因康复护理、继续治疗实际发生的必要的康复费、护理费、后续治疗费，赔偿义务人也应当予以赔偿。

受害人死亡的，赔偿义务人除应当根据抢救治疗情况赔偿本条第一款规定的相关费用外，还应当赔偿丧葬费、被扶养人生活费、死亡补偿费以及受害人亲属办理丧葬事宜支出的交通费、住宿费和误工损失等其他合理费用。

最高人民法院关于确定民事侵权精神损害赔偿责任若干问题的司法解释

第四条

具有人格象征意义的特定纪念物品，因侵权行为而永久性灭失或者毁损，物品所有人以侵权为由，向人民法院起诉请求赔偿精神损害的，人民法院应当依法予以受理。

第八次全国法院民事商事审判工作会议（民事部分）纪要

4．婚姻关系存续期间以夫妻共同财产投保，投保人和被保险人

同为夫妻一方,离婚时处于保险期内,投保人不愿意继续投保的,保险人退还的保险单现金价值部分应按照夫妻共同财产处理;离婚时投保人选择继续投保的,投保人应当支付保险单现金价值的一半给另一方。

5. 婚姻关系存续期间,夫妻一方作为被保险人依据意外伤害保险合同、健康保险合同获得的具有人身性质的保险金,或者夫妻一方作为受益人依据以死亡为给付条件的人寿保险合同获得的保险金,宜认定为个人财产,但双方另有约定的除外。

婚姻关系存续期间,夫妻一方依据以生存到一定年龄为给付条件的具有现金价值的保险合同获得的保险金,宜认定为夫妻共同财产,但双方另有约定的除外。

三、民法·婚姻

中华人民共和国婚姻法

第一条

本法是婚姻家庭关系的基本准则。

第三条

禁止包办、买卖婚姻和其他干涉婚姻自由的行为。禁止借婚姻索取财物。

第五条

结婚必须男女双方完全自愿,不许任何一方对他方加以强迫或任何第三者加以干涉。

第六条

结婚年龄,男不得早于二十二周岁,女不得早于二十周岁。晚

附件：相关法律法规文件重要条文摘选

婚晚育应予鼓励。

第七条

有下列情形之一的，禁止结婚：（一）直系血亲和三代以内的旁系血亲；（二）患有医学上认为不应当结婚的疾病。

第八条

要求结婚的男女双方必须亲自到婚姻登记机关进行结婚登记。符合本法规定的，予以登记，发给结婚证。取得结婚证，即确立夫妻关系。未办理结婚登记的，应当补办登记。

第十条

有下列情形之一的，婚姻无效：（一）重婚的；（二）有禁止结婚的亲属关系的；（三）婚前患有医学上认为不应当结婚的疾病，婚后尚未治愈的；（四）未到法定婚龄的。

第十一条

因胁迫结婚的，受胁迫的一方可以向婚姻登记机关或人民法院请求撤销该婚姻。受胁迫的一方撤销婚姻的请求，应当自结婚登记之日起一年内提出。被非法限制人身自由的当事人请求撤销婚姻的，应当自恢复人身自由之日起一年内提出。

第十七条

夫妻在婚姻关系存续期间所得的下列财产，归夫妻共同所有：（一）工资、奖金；（二）生产、经营的收益；（三）知识产权的收益；（四）继承或赠与所得的财产，但本法第十八条第三项规定的除外；（五）其他应当归共同所有的财产。夫妻对共同所有的财产，有平等的处理权。

第十八条

有下列情形之一的，为夫妻一方的财产：（一）一方的婚前财产；（二）一方因身体受到伤害获得的医疗费、残疾人生活补助费等费用；（三）遗嘱或赠与合同中确定只归夫或妻一方的财产；（四）一方专用的生活用品；（五）其他应当归一方的财产。

第十九条

夫妻可以约定婚姻关系存续期间所得的财产以及婚前财产归各自所有、共同所有或部分各自所有、部分共同所有。约定应当采用书面形式。没有约定或约定不明确的,适用本法第十七条、第十八条的规定。夫妻对婚姻关系存续期间所得的财产以及婚前财产的约定,对双方具有约束力。夫妻对婚姻关系存续期间所得的财产约定归各自所有的,夫或妻一方对外所负的债务,第三人知道该约定的,以夫或妻一方所有的财产清偿。

第二十条

夫妻有互相扶养的义务。一方不履行扶养义务时,需要扶养的一方,有要求对方付给扶养费的权利。

第二十一条

父母对子女有抚养教育的义务;子女对父母有赡养扶助的义务。父母不履行抚养义务时,未成年的或不能独立生活的子女,有要求父母付给抚养费的权利。子女不履行赡养义务时,无劳动能力的或生活困难的父母,有要求子女付给赡养费的权利。禁止溺婴、弃婴和其他残害婴儿的行为。

第二十五条

非婚生子女享有与婚生子女同等的权利,任何人不得加以危害和歧视。不直接抚养非婚生子女的生父或生母,应当负担子女的生活费和教育费,直至子女能独立生活为止。

第二十六条

国家保护合法的收养关系。养父母和养子女间的权利和义务,适用本法对父母子女关系的有关规定。养子女和生父母间的权利和义务,因收养关系的成立而消除。

第二十七条

继父母与继子女间,不得虐待或歧视。继父或继母和受其抚养教育的继子女间的权利和义务,适用本法对父母子女关系的有关规定。

附件：相关法律法规文件重要条文摘选

第二十八条

有负担能力的祖父母、外祖父母，对于父母已经死亡或父母无力抚养的未成年的孙子女、外孙子女，有抚养的义务。有负担能力的孙子女、外孙子女，对于子女已经死亡或子女无力赡养的祖父母、外祖父母，有赡养的义务。

第二十九条

有负担能力的兄、姐，对于父母已经死亡或父母无力抚养的未成年的弟、妹，有扶养的义务。由兄、姐扶养长大的有负担能力的弟、妹，对于缺乏劳动能力又缺乏生活来源的兄、姐，有扶养的义务。

第三十一条

男女双方自愿离婚的，准予离婚。双方必须到婚姻登记机关申请离婚。婚姻登记机关查明双方确实是自愿并对子女和财产问题已有适当处理时，发给离婚证。

第三十二条

男女一方要求离婚的，可由有关部门进行调解或直接向人民法院提出离婚诉讼。人民法院审理离婚案件，应当进行调解；如感情确已破裂，调解无效，应准予离婚。有下列情形之一，调解无效的，应准予离婚：（一）重婚或有配偶者与他人同居的；（二）实施家庭暴力或虐待、遗弃家庭成员的；（三）有赌博、吸毒等恶习屡教不改的；（四）因感情不和分居满二年的；（五）其他导致夫妻感情破裂的情形。一方被宣告失踪，另一方提出离婚诉讼的，应准予离婚。

第三十六条

父母与子女间的关系，不因父母离婚而消除。离婚后，子女无论由父或母直接抚养，仍是父母双方的子女。离婚后，父母对于子女仍有抚养和教育的权利和义务。离婚后，哺乳期内的子女，以随哺乳的母亲抚养为原则。哺乳期后的子女，如双方因抚养问题发生争执不能达成协议时，由人民法院根据子女的权益和双方的具体情况判决。

第三十七条

离婚后,一方抚养的子女,另一方应负担必要的生活费和教育费的一部或全部,负担费用的多少和期限的长短,由双方协议;协议不成时,由人民法院判决。关于子女生活费和教育费的协议或判决,不妨碍子女在必要时向父母任何一方提出超过协议或判决原定数额的合理要求。

第三十八条

离婚后,不直接抚养子女的父或母,有探望子女的权利,另一方有协助的义务。行使探望权利的方式、时间由当事人协议;协议不成时,由人民法院判决。父或母探望子女,不利于子女身心健康的,由人民法院依法中止探望的权利;中止的事由消失后,应当恢复探望的权利。

第三十九条

离婚时,夫妻的共同财产由双方协议处理;协议不成时,由人民法院根据财产的具体情况,照顾子女和女方权益的原则判决。夫或妻在家庭土地承包经营中享有的权益等,应当依法予以保护。

第四十一条

离婚时,原为夫妻共同生活所负的债务,应当共同偿还。共同财产不足清偿的,或财产归各自所有的,由双方协议清偿;协议不成时,由人民法院判决。

第四十三条

实施家庭暴力或虐待家庭成员,受害人有权提出请求,居民委员会、村民委员会以及所在单位应当予以劝阻、调解。对正在实施的家庭暴力,受害人有权提出请求,居民委员会、村民委员会应当予以劝阻;公安机关应当予以制止。实施家庭暴力或虐待家庭成员,受害人提出请求的,公安机关应当依照治安管理处罚的法律规定予以行政处罚。

第四十四条

对遗弃家庭成员,受害人有权提出请求,居民委员会、村民委员会以及所在单位应当予以劝阻、调解。对遗弃家庭成员，受害人提出请求的，人民法院应当依法作出支付扶养费、抚养费、赡养费的判决。

第四十五条

对重婚的，对实施家庭暴力或虐待、遗弃家庭成员构成犯罪的，依法追究刑事责任。受害人可以依照刑事诉讼法的有关规定，向人民法院自诉；公安机关应当依法侦查，人民检察院应当依法提起公诉。

第四十六条

有下列情形之一，导致离婚的，无过错方有权请求损害赔偿：（一）重婚的；（二）有配偶者与他人同居的；（三）实施家庭暴力的；（四）虐待、遗弃家庭成员的。

第四十七条

离婚时，一方隐藏、转移、变卖、毁损夫妻共同财产，或伪造债务企图侵占另一方财产的，分割夫妻共同财产时，对隐藏、转移、变卖、毁损夫妻共同财产或伪造债务的一方，可以少分或不分。离婚后，另一方发现有上述行为的，可以向人民法院提起诉讼，请求再次分割夫妻共同财产。人民法院对前款规定的妨害民事诉讼的行为，依照民事诉讼法的规定予以制裁。

最高人民法院关于适用《中华人民共和国婚姻法》若干问题的解释（一）

第一条

婚姻法第三条、第三十二条、第四十三条、第四十五条、第四十六条所称的"家庭暴力"，是指行为人以殴打、捆绑、残害、强行限制人身自由或者其他手段，给其家庭成员的身体、精神等方面造成一定伤害后果的行为。持续性、经常性的家庭暴力，构成虐待。

第二条

婚姻法第三条、第三十二条、第四十六条规定的"有配偶者与

他人同居"的情形，是指有配偶者与婚外异性，不以夫妻名义，持续、稳定地共同居住。

第五条

未按婚姻法第八条规定办理结婚登记而以夫妻名义共同生活的男女，起诉到人民法院要求离婚的，应当区别对待：

（一）1994年2月1日民政部《婚姻登记管理条例》公布实施以前，男女双方已经符合结婚实质要件的，按事实婚姻处理；

（二）1994年2月1日民政部《婚姻登记管理条例》公布实施以后，男女双方符合结婚实质要件的，人民法院应当告知其在案件受理前补办结婚登记；未补办结婚登记的，按解除同居关系处理。

第六条

未按婚姻法第八条规定办理结婚登记而以夫妻名义共同生活的男女，一方死亡，另一方以配偶身份主张享有继承权的，按照本解释第五条的原则处理。

第十七条

婚姻法第十七条关于"夫或妻对夫妻共同所有的财产，有平等的处理权"的规定，应当理解为：

（一）夫或妻在处理夫妻共同财产上的权利是平等的。因日常生活需要而处理夫妻共同财产的，任何一方均有权决定。

（二）夫或妻非因日常生活需要对夫妻共同财产做重要处理决定，夫妻双方应当平等协商，取得一致意见。他人有理由相信其为夫妻双方共同意思表示的，另一方不得以不同意或不知道为由对抗善意第三人。

第三十条

人民法院受理离婚案件时，应当将婚姻法第四十六条等规定中当事人的有关权利义务，书面告知当事人。在适用婚姻法第四十六条时，应当区分以下不同情况：

（一）符合婚姻法第四十六条规定的无过错方作为原告基于该条规定向人民法院提起损害赔偿请求的，必须在离婚诉讼的同时提出。

（二）符合婚姻法第四十六条规定的无过错方作为被告的离婚诉讼案件，如果被告不同意离婚也不基于该条规定提起损害赔偿请求的，可以在离婚后一年内就此单独提起诉讼。

（三）无过错方作为被告的离婚诉讼案件，一审时被告未基于婚姻法第四十六条规定提出损害赔偿请求，二审期间提出的，人民法院应当进行调解，调解不成的，告知当事人在离婚后一年内另行起诉。

最高人民法院关于适用《中华人民共和国婚姻法》若干问题的解释（二）

第一条

当事人起诉请求解除同居关系的，人民法院不予受理。但当事人请求解除的同居关系，属于婚姻法第三条、第三十二条、第四十六条规定的"有配偶者与他人同居"的，人民法院应当受理并依法予以解除。当事人因同居期间财产分割或者子女抚养纠纷提起诉讼的，人民法院应当受理。

第五条

夫妻一方或者双方死亡后一年内，生存一方或者利害关系人依据婚姻法第十条的规定申请宣告婚姻无效的，人民法院应当受理。

第八条

离婚协议中关于财产分割的条款或者当事人因离婚就财产分割达成的协议，对男女双方具有法律约束力。

当事人因履行上述财产分割协议发生纠纷提起诉讼的，人民法院应当受理。

第九条

男女双方协议离婚后一年内就财产分割问题反悔，请求变更或者撤销财产分割协议的，人民法院应当受理。人民法院审理后，未发现订立财产分割协议时存在欺诈、胁迫等情形的，应当依法驳回

当事人的诉讼请求。

第十条

当事人请求返还按照习俗给付的彩礼的，如果查明属于以下情形，人民法院应当予以支持：

（一）双方未办理结婚登记手续的；

（二）双方办理结婚登记手续但确未共同生活的；

（三）婚前给付并导致给付人生活困难的。

适用前款第（二）、（三）项的规定，应当以双方离婚为条件。

第十一条

婚姻关系存续期间，下列财产属于婚姻法第十七条规定的"其他应当归共同所有的财产"：

（一）一方以个人财产投资取得的收益；

（二）男女双方实际取得或者应当取得的住房补贴、住房公积金；

（三）男女双方实际取得或者应当取得的养老保险金、破产安置补偿费。

第十三条

军人的伤亡保险金、伤残补助金、医药生活补助费属于个人财产。

第十六条

人民法院审理离婚案件，涉及分割夫妻共同财产中以一方名义在有限责任公司的出资额，另一方不是该公司股东的，按以下情形分别处理：

（一）夫妻双方协商一致将出资额部分或者全部转让给该股东的配偶，过半数股东同意、其他股东明确表示放弃优先购买权的，该股东的配偶可以成为该公司股东；

（二）夫妻双方就出资额转让份额和转让价格等事项协商一致后，过半数股东不同意转让，但愿意以同等价格购买该出资额的，人民法院可以对转让出资所得财产进行分割。过半数股东不同意转让，也不愿意以同等价格购买该出资额的，视为其同意转让，该股

东的配偶可以成为该公司股东。

用于证明前款规定的过半数股东同意的证据,可以是股东会决议,也可以是当事人通过其他合法途径取得的股东的书面声明材料。

第二十三条

债权人就一方婚前所负个人债务向债务人的配偶主张权利的,人民法院不予支持。但债权人能够证明所负债务用于婚后家庭共同生活的除外。

第二十七条

当事人在婚姻登记机关办理离婚登记手续后,以婚姻法第四十六条规定为由向人民法院提出损害赔偿请求的,人民法院应当受理。但当事人在协议离婚时已经明确表示放弃该项请求,或者在办理离婚登记手续一年后提出的,不予支持。

最高人民法院关于适用《中华人民共和国婚姻法》若干问题的解释(三)

第四条

婚姻关系存续期间,夫妻一方请求分割共同财产的,人民法院不予支持,但有下列重大理由且不损害债权人利益的除外:

(一)一方有隐藏、转移、变卖、毁损、挥霍夫妻共同财产或者伪造夫妻共同债务等严重损害夫妻共同财产利益行为的;

(二)一方负有法定扶养义务的人患重大疾病需要医治,另一方不同意支付相关医疗费用的。

第五条

夫妻一方个人财产在婚后产生的收益,除孳息和自然增值外,应认定为夫妻共同财产。

第十四条

当事人达成的以登记离婚或者到人民法院协议离婚为条件的财

产分割协议，如果双方协议离婚未成，一方在离婚诉讼中反悔的，人民法院应当认定该财产分割协议没有生效，并根据实际情况依法对夫妻共同财产进行分割。

民法典婚姻家庭编（草案三次审议稿）

第八百五十七条

完成离婚登记，或者离婚判决书、调解书生效，即解除婚姻关系。

中华人民共和国反家庭暴力法

第一条

为了预防和制止家庭暴力，保护家庭成员的合法权益，维护平等、和睦、文明的家庭关系，促进家庭和谐、社会稳定，制定本法。

第二条

本法所称家庭暴力，是指家庭成员之间以殴打、捆绑、残害、限制人身自由以及经常性谩骂、恐吓等方式实施的身体、精神等侵害行为。

第十三条

家庭暴力受害人及其法定代理人、近亲属可以向加害人或者受害人所在单位、居民委员会、村民委员会、妇女联合会等单位投诉、反映或者求助。有关单位接到家庭暴力投诉、反映或者求助后，应当给予帮助、处理。家庭暴力受害人及其法定代理人、近亲属也可以向公安机关报案或者依法向人民法院起诉。单位、个人发现正在发生的家庭暴力行为，有权及时劝阻。

第十九条

法律援助机构应当依法为家庭暴力受害人提供法律援助。

人民法院应当依法对家庭暴力受害人缓收、减收或者免收诉讼费用。

附件：相关法律法规文件重要条文摘选

第二十条

人民法院审理涉及家庭暴力的案件，可以根据公安机关出警记录、告诫书、伤情鉴定意见等证据，认定家庭暴力事实。

第二十三条

当事人因遭受家庭暴力或者面临家庭暴力的现实危险，向人民法院申请人身安全保护令的，人民法院应当受理。当事人是无民事行为能力人、限制民事行为能力人，或者因受到强制、威吓等原因无法申请人身安全保护令的，其近亲属、公安机关、妇女联合会、居民委员会、村民委员会、救助管理机构可以代为申请。

中华人民共和国母婴保健法

第八条

婚前医学检查包括对下列疾病的检查：（一）严重遗传性疾病；（二）指定传染病；（三）有关精神病。经婚前医学检查，医疗保健机构应当出具婚前医学检查证明。

婚前保健工作规范

（一）婚前医学检查

2. 婚前医学检查的主要疾病

（1）严重遗传性疾病：由于遗传因素先天形成，患者全部或部分丧失自主生活能力，子代再现风险高，医学上认为不宜生育的疾病。

（2）指定传染病：《中华人民共和国传染病防治法》中规定的艾滋病、淋病、梅毒以及医学上认为影响结婚和生育的其他传染病。

（3）有关精神病：精神分裂症、躁狂抑郁型精神病以及其他重型精神病。

（4）其他与婚育有关的疾病，如重要脏器疾病和生殖系统疾病等。

最高人民法院关于人民法院审理未办理结婚登记而以夫妻名义同居生活案件的若干意见

5．已登记结婚的一方又与第三人形成事实婚姻关系，或事实婚姻关系的一方又与第三人登记结婚，或事实婚姻关系的一方又与第三人形成新的事实婚姻关系，凡前一个婚姻关系的一方要求追究重婚罪的，无论其重婚行为是否构成重婚罪，均应解除后一个婚姻关系。前一个婚姻关系的一方如要求处理离婚问题，应根据其婚姻关系的具体情况进行调解或者作出判决。

最高人民法院关于人民法院审理离婚案件如何认定夫妻感情确已破裂的若干具体意见

人民法院审理离婚案件，准予或不准离婚应以夫妻感情是否确已破裂作为区分的界限。判断夫妻感情是否确已破裂，应当从婚姻基础、婚后感情、离婚原因、夫妻关系的现状和有无和好的可能等方面综合分析。根据婚姻法的有关规定和审判实践经验，凡属下列情形之一的，视为夫妻感情确已破裂。一方坚决要求离婚，经调解无效，可依法判决准予离婚。

1．一方患有法定禁止结婚的疾病，或一方有生理缺陷及其他原因不能发生性行为，且难以治愈的。

2．婚前缺乏了解，草率结婚，婚后未建立起夫妻感情，难以共同生活的。

3．婚前隐瞒了精神病，婚后经治不愈，或者婚前知道对方患有精神病而与其结婚，或一方在夫妻共同生活期间患精神病，久治不愈的。

4．一方欺骗对方，或者在结婚登记时弄虚作假，骗取《结婚证》的。

5．双方办理结婚登记后，未同居生活，无和好可能的。

6．包办、买卖婚姻，婚后一方随即提出离婚，或者虽共同生活

附件：相关法律法规文件重要条文摘选

多年，但确未建立起夫妻感情的。

7．因感情不和分居已满三年，确无和好可能的，或者经人民法院判决不准离婚后又分居满一年，互不履行夫妻义务的。

8．一方与他人通奸、非法同居，经教育仍无悔改表现，无过错一方起诉离婚，或者过错方起诉离婚，对方不同意离婚，经批评教育、处分，或在人民法院判决不准离婚后，过错方又起诉离婚，确无和好可能的。

9．一方重婚，对方提出离婚的。

10．一方好逸恶劳、有赌博等恶习，不履行家庭义务，屡教不改，夫妻难以共同生活的。

11．一方被依法判处长期徒刑，或其违法、犯罪行为严重伤害夫妻感情的。

12．一方下落不明满二年，对方起诉离婚，经公告查找确无下落的。

13．受对方的虐待、遗弃，或者受对方亲属虐待，或虐待对方亲属，经教育不改，另一方不谅解的。

14．因其他原因导致夫妻感情确已破裂的。

最高人民法院审理离婚案件处理财产分割问题的若干具体意见

第十七条

夫妻为共同生活或为履行抚养、赡养义务等所负债务，应认定为夫妻共同债务，离婚时应当以夫妻共同财产清偿。

下列债务不能认定为夫妻共同债务，应由一方以个人财产清偿：

（1）夫妻双方约定由个人负担的债务，但以逃避债务为目的的除外。

（2）一方未经对方同意，擅自资助与其没有抚养义务的亲朋所负的债务。

（3）一方未经对方同意，独自筹资从事经营活动，其收入确未用于共同生活所负的债务。

（4）其他应由个人承担的债务。

最高人民法院关于人民法院审理离婚案件处理子女抚养问题的若干具体意见

第一条

两周岁以下的子女，一般随母方生活。母方有下列情形之一的，可随父方生活：

（1）患有久治不愈的传染性疾病或其他严重疾病，子女不宜与其共同生活的；

（2）有抚养条件不尽抚养义务，而父方要求子女随其生活的；

（3）因其他原因，子女确无法随母方生活的。

第三条

对两周岁以上未成年的子女，父方和母方均要求随其生活，一方有下列情形之一的，可予优先考虑：

（1）已做绝育手术或因其他原因丧失生育能力的；

（2）子女随其生活时间较长，改变生活环境对子女健康成长明显不利的；

（3）无其他子女，而另一方有其他子女的；

（4）子女随其生活，对子女成长有利，而另一方患有久治不愈的传染性疾病或其他严重疾病，或者有其他不利于子女身心健康的情形，不宜与子女共同生活的。

第十六条

一方要求变更子女抚养关系有下列情形之一的，应予支持。

（1）与子女共同生活的一方因患严重疾病或因伤残无力继续抚养子女的；

（2）与子女共同生活的一方不尽抚养义务或有虐待子女行为，或其与子女共同生活对子女身心健康确有不利影响的；

（3）十周岁以上未成年子女，愿随另一方生活，该方又有抚养能力的；

（4）有其他正当理由需要变更的。

最高人民法院关于聘金或聘礼的几个疑义及早婚如何处理问题的复函

察哈尔省人民法院：

兹将你院对"关于婚姻案件中聘金或聘礼的处理原则问题"指示函中所生的几个疑义及未达法定结婚年龄的青年男女不经结婚登记径行结婚同居应如何处理的问题，按来问次序分别解答于后，希即研究。

（一）我院与司法部会发法编字第9577号函第一项注解："一切以索取对方一定的财物为结婚条件者"，就索取者来说，应包括当事人之父母、本人或第三人。

（二）（略）

（三）所谓伪装结婚骗取聘金、聘礼等财物的行为，与男女双方均以婚姻为目的之买卖婚姻不同，是以诈骗对方财物为目的，以伪作结婚为得到对方财物的手段，并无与对方有夫妻共同生活的意思。其所骗取的聘金、聘礼等财物，一般的应返还被害人。但如此种聘金、聘礼等的给付，非属赠予性质，而系属买卖婚姻或变相买卖婚姻的性质，则给付的一方就不单纯是一个受骗的人，而自己也有了违法行为，问题就不单纯是一个聘金、聘礼的问题，而得酌情根据指示函中"（二）"、"（三）"两点的原则作适当的处理。

（四）未达法定结婚年龄申请结婚登记是不合法的，不应准许。至个别未达法定结婚年龄的男女不经登记即举行结婚仪式径行同居者，得视具体情况作不同的处理。如距离婚龄已不甚远，而身体发育已经成熟，双方同居，又是出于两相情爱者，可进行教育，使待婚龄满时进行登记手续。如距离婚龄太远，可向双方父母及子女说服教育使之脱离，否则即予强制分居，俟达结婚年龄时，如该男女双方仍愿结婚，再行申请为结婚登记。

上海市高级人民法院民一庭关于下发《婚姻家庭纠纷办案要件指南（三）》的通知

沪高法民一〔2010〕8号

第三条

离婚时，夫妻的共同财产由双方协议做出处理。

协议不成的，分割夫妻共同财产，应当遵循男女平等、照顾子女和女方权益、照顾无过错方、有利生产和方便生活的原则。

分割夫妻共同财产的方法主要包括实物分割、价金分割与价值补偿三种。在无例外情形下，可予以均等分割。

【说明】

离婚时，夫妻的共同财产可由双方协议处理。协商不成时，由人民法院依法判决，判决时应遵循下列原则：（1）男女平等原则。即夫妻双方对于其共同财产享有平等的共有权，不受双方收入状况、对家庭贡献的影响，双方均有平等分割共同财产的权利；（2）照顾子女和女方权益的原则。首先，应优先考虑未成年子女的利益，根据未成年子女的需求要给予必要的照顾。其次，应照顾女方的权益。考虑到相当一部分女性的经济能力相对较弱，在日常家务中的付出很难物化为财产收益，故在分割财产时，有必要照顾她们的权益，使其离婚后的基本生活更有保障；（3）照顾无过错方原则。对于因一方过错导致离婚的，可在分割财产时适当照顾无过错，以体现法律的公平与正义。但这种照顾不是民事责任，其性质不同于离婚损害赔偿责任，因此，这里的过错并不限于重婚、姘居、实施家庭暴力、虐待、遗弃等重大过错行为，还包括其他违反婚姻以外或故意以悖于善良风俗的方法损害婚姻关系的过错行为；（4）有利于生产、生活需要的原则。分割夫妻共同财产时，应从充分发挥共同财产的效用和不损害财产的经济价值出发。对生活必需品，应考虑双方和子女的生活需要，分给需要的一方；对生产资料，应分给有生产、经营的条件和能力或正在生产、经营的一方；对一方从事职业或正当爱好所必需的物品，应分给需要的一方。

对于夫妻共同财产的分割，具体方法主要有三种：（1）实物分割，即在不影响财产的作用、价值和特定用途的情况下，进行实际分配，双方根据其分割的份额取得应得的财产；（2）价金分割，即将共有物变卖，双方分割取得的价金，主要在共有物不能实物分割或分割后有损其价值与用途时采用；（3）价值补偿，即共有物归一方所有，对另一方应得的部分补偿相当的价金。针对不同的财产，具体分割方法为：①夫妻分居两地分别管理、使用的婚后所得财产，为夫妻共同财产，分割时应归各自所有。如双方所分得的财产相差悬殊的，差额部分由多得一方以相当的财产抵偿另一方或以相应的价金作为补偿；②已登记结婚，尚未共同生活，一方或双方受赠的礼金、礼物为夫妻共同财产，应考虑财产、数量等情况合理分割。各自出资购置、各自使用的财物，原则上归各自所有；③对双方都愿意取得共有物、支付对方补偿款的，必要时可采取竞价的方式解决；④与生产经营有关的共同财产。对投资性财产、有限责任公司出资额、合伙企业中夫妻共同财产份额及独资企业财产的分割可按《解释（二）》第十五条至第十八条的规定处理。无其他例外情形的，可将共同财产予以均等分割。

四、民法·继承

中华人民共和国继承法

第三条

遗产是公民死亡时遗留的个人合法财产，包括：（一）公民的

收入；（二）公民的房屋、储蓄和生活用品；（三）公民的林木、牲畜和家禽；（四）公民的文物、图书资料；（五）法律允许公民所有的生产资料；（六）公民的著作权、专利权中的财产权利；（七）公民的其他合法财产。

第五条

继承开始后，按照法定继承办理；有遗嘱的，按照遗嘱继承或者遗赠办理；有遗赠扶养协议的，按照协议办理。

第七条

继承人有下列行为之一的，丧失继承权：（一）故意杀害被继承人的；（二）为争夺遗产而杀害其他继承人的；（三）遗弃被继承人的，或者虐待被继承人情节严重的；（四）伪造、篡改或者销毁遗嘱，情节严重的。

第九条

继承权男女平等。

第十条

遗产按照下列顺序继承：第一顺序：配偶、子女、父母。第二顺序：兄弟姐妹、祖父母、外祖父母。继承开始后，由第一顺序继承人继承，第二顺序继承人不继承。没有第一顺序继承人继承的，由第二顺序继承人继承。本法所说的子女，包括婚生子女、非婚生子女、养子女和有扶养关系的继子女。本法所说的父母，包括生父母、养父母和有扶养关系的继父母。本法所说的兄弟姐妹，包括同父母的兄弟姐妹、同父异母或者同母异父的兄弟姐妹、养兄弟姐妹、有扶养关系的继兄弟姐妹。

第十一条

被继承人的子女先于被继承人死亡的，由被继承人的子女的晚辈直系血亲代位继承。代位继承人一般只能继承他的父亲或者母亲有权继承的遗产份额。

第十二条

丧偶儿媳对公、婆，丧偶女婿对岳父、岳母，尽了主要赡养义

务的,作为第一顺序继承人。

第十三条

同一顺序继承人继承遗产的份额,一般应当均等。对生活有特殊困难的缺乏劳动能力的继承人,分配遗产时,应当予以照顾。对被继承人尽了主要扶养义务或者与被继承人共同生活的继承人,分配遗产时,可以多分。有扶养能力和有扶养条件的继承人,不尽扶养义务的,分配遗产时,应当不分或者少分。继承人协商同意的,也可以不均等。

第十四条

对继承人以外的依靠被继承人扶养的缺乏劳动能力又没有生活来源的人,或者继承人以外的对被继承人扶养较多的人,可以分配给他们适当的遗产。

第十六条

公民可以依照本法规定立遗嘱处分个人财产,并可以指定遗嘱执行人。公民可以立遗嘱将个人财产指定由法定继承人的一人或者数人继承。公民可以立遗嘱将个人财产赠给国家、集体或者法定继承人以外的人。

第十七条

公证遗嘱由遗嘱人经公证机关办理。自书遗嘱由遗嘱人亲笔书写,签名,注明年、月、日。代书遗嘱应当有两个以上见证人在场见证,由其中一人代书,注明年、月、日,并由代书人、其他见证人和遗嘱人签名。以录音形式立的遗嘱,应当有两个以上见证人在场见证。遗嘱人在危急情况下,可以立口头遗嘱。口头遗嘱应当有两个以上见证人在场见证。危急情况解除后,遗嘱人能够用书面或者录音形式立遗嘱的,所立的口头遗嘱无效。

第十八条

下列人员不能作为遗嘱见证人:(一)无行为能力人、限制行为能力人;(二)继承人、受遗赠人;(三)与继承人、受遗赠人有利害关系的人。

第十九条

遗嘱应当对缺乏劳动能力又没有生活来源的继承人保留必要的遗产份额。

第二十条

遗嘱人可以撤销、变更自己所立的遗嘱。立有数份遗嘱,内容相抵触的,以最后的遗嘱为准。自书、代书、录音、口头遗嘱,不得撤销、变更公证遗嘱。

第二十一条

遗嘱继承或者遗赠附有义务的,继承人或者受遗赠人应当履行义务。没有正当理由不履行义务的,经有关单位或者个人请求,人民法院可以取消他接受遗产的权利。

第二十五条

继承开始后,继承人放弃继承的,应当在遗产处理前,作出放弃继承的表示。没有表示的,视为接受继承。受遗赠人应当在知道受遗赠后两个月内,作出接受或者放弃受遗赠的表示。到期没有表示的,视为放弃受遗赠。

第三十一条

公民可以与扶养人签订遗赠扶养协议。按照协议,扶养人承担该公民生养死葬的义务,享有受遗赠的权利。公民可以与集体所有制组织签订遗赠扶养协议。按照协议,集体所有制组织承担该公民生养死葬的义务,享有受遗赠的权利。

第三十二条

无人继承又无人受遗赠的遗产,归国家所有;死者生前是集体所有制组织成员的,归所在集体所有制组织所有。

第三十三条

继承遗产应当清偿被继承人依法应当缴纳的税款和债务,缴纳税款和清偿债务以他的遗产实际价值为限。超过遗产实际价值部分,继承人自愿偿还的不在此限。继承人放弃继承的,对被继承人依法应当缴纳的税款和债务可以不负偿还责任。

附件：相关法律法规文件重要条文摘选

第三十四条

执行遗赠不得妨碍清偿遗赠人依法应当缴纳的税款和债务。

民法典继承编（草案二次审议稿）

第九百零一条

遗产是自然人死亡时遗留的个人合法财产，但是法律规定或者按照其性质不得继承的除外。

第九百零七条

被继承人的子女先于被继承人死亡的，由被继承人的子女的晚辈直系血亲代位继承。

被继承人的兄弟姐妹先于被继承人死亡的，由被继承人的兄弟姐妹的子女代位继承。

代位继承人一般只能继承被代位继承人有权继承的遗产份额。

最高人民法院关于贯彻执行《中华人民共和国继承法》若干问题的意见

2．相互有继承关系的几个人在同一事件中死亡，如不能确定死亡先后时间的，推定没有继承人的人先死亡。死亡人各自都有继承人的，如几个死亡人辈分不同，推定长辈先死亡；几个死亡人辈份相同，推定同时死亡，彼此不发生继承，由他们各自的继承人分别继承。

11．继承人故意杀害被继承人的，不论是既遂还是未遂，均应确认其丧失继承权。

25．被继承人的孙子女、外孙子女、曾孙子女、外曾孙子女都可以代位继承，代位继承人不受辈数的限制。

26．被继承人的养子女、已形成扶养关系的继子女的生子女可代位继承；被继承人亲生子女的养子女可代位继承；被继承人养子

女的养子女可代位继承；与被继承人已形成扶养关系的继子女的养子女也可以代位继承。

39．遗嘱人生前的行为与遗嘱的意思表示相反，使遗嘱处分的财产在继承开始前灭失、部分灭失或者所有权转移、部分转移的，遗嘱视为被撤销或部分被撤销。

56．扶养人或集体组织与公民订有遗赠扶养协议，扶养人或集体组织无正当理由不履行，致协议解除的，不能享有受遗赠的权利，其支付的供养费用一般不予补偿；遗赠人无正当理由不履行，致协议解除的，则应偿还扶养人或集体组织已支付的供养费用。

61．继承人中有缺乏劳动能力又没有生活来源的人，即使遗产不足清偿债务，也应为其保留适当遗产，然后再按继承法第三十三条和民事诉讼法第一百八十条的规定清偿债务。

62．遗产已被分割而未清偿债务时，如有法定继承又有遗嘱继承和遗赠的，首先由法定继承人用其所得遗产清偿债务；不足清偿时，剩余的债务由遗嘱继承人和受遗赠人按比例用所得遗产偿还；如果只有遗嘱继承和遗赠的，由遗嘱继承人和受遗赠人按比例用所得遗产偿还。

最高人民法院关于保险金能否作为被保险人遗产的批复

〔1987〕民他字第52号

河北省高级人民法院：

你院冀法民〔1987〕1号请示报告收悉。据报告称：栾城县南焦村个体三轮摩托车司机孙文兴于1986年5月26日运送货主张新国及其货物（锡锭）时，在京广铁路窦妪道口与火车相撞，致孙文兴、张新国双亡，三轮摩托车毁损。这次事故应由孙文兴负责。孙文兴生前在本县保险公司除投保了车损险（保险金为3500元）外，还投保了人身意外伤害险（保险金为5000元），并指定了受益人。现托运人张新国之妻梁聚芬向栾城县人民法院起诉，要求承运人孙文兴之妻郭香荣给予赔偿。

经征求有关部门的意见，现将你院请示关于人身保险金能否作为被保险人的遗产进行赔偿的问题，答复如下：

一、根据我国保险法规有关条文规定的精神，人身保险金能否列入被保险人的遗产，取决于被保险人是否指定了受益人。指定了受益人的，被保险人死亡后，其人身保险金应付给受益人；未指定受益人的，被保险人死亡后，其人身保险金应作为遗产处理，可以用来清偿债务或者赔偿。

二、财产保险与人身保险不同。财产保险不存在指定受益人的问题。因而，财产保险金属于被保险人的遗产。孙文兴投保的车损险是财产保险，属于他的遗产，可以用来清偿债务或者赔偿。

在处理本案时，应本着上述原则，适当注意保护债权人的利益，合情合理解决。

中华人民共和国公证法

第二十五条

自然人、法人或者其他组织申请办理公证，可以向住所地、经常居住地、行为地或者事实发生地的公证机构提出。

申请办理涉及不动产的公证，应当向不动产所在地的公证机构提出；申请办理涉及不动产的委托、声明、赠与、遗嘱的公证，可以适用前款规定。

第二十七条

申请办理公证的当事人应当向公证机构如实说明申请公证的事项的有关情况，提供真实、合法、充分的证明材料；提供的证明材料不充分的，公证机构可以要求补充。公证机构受理公证申请后，应当告知当事人申请公证事项的法律意义和可能产生的法律后果，并将告知内容记录存档。

第二十八条

公证机构办理公证,应当根据不同公证事项的办证规则,分别审查下列事项:

(一)当事人的身份、申请办理该项公证的资格以及相应的权利;

(二)提供的文书内容是否完备,含义是否清晰,签名、印鉴是否齐全;

(三)提供的证明材料是否真实、合法、充分;

(四)申请公证的事项是否真实、合法。

公证程序规则

第二十三条

公证机构受理公证申请后,应当指派承办公证员,并通知当事人。当事人要求该公证员回避,经查属于《公证法》第二十三条第三项规定应当回避情形的,公证机构应当改派其他公证员承办。

遗嘱公证细则

第五条

遗嘱人申办遗嘱公证应当亲自到公证处提出申请。遗嘱人亲自到公证处有困难的,可以书面或者口头形式请求有管辖权的公证处指派公证人员到其住所或者临时处所办理。

第十一条

公证处应当按照《公证程序规则(试行)》第二十三条的规定进行审查,并着重审查遗嘱人的身份及意思表示是否真实、有无受胁迫或者受欺骗等情况。

第十七条

对于符合下列条件的,公证处应当出具公证书:(一)遗嘱人身份

属实,具有完全民事行为能力;(二)遗嘱人意思表示真实;(三)遗嘱人证明或者保证所处分的财产是其个人财产;(四)遗嘱内容不违反法律规定和社会公共利益,内容完备,文字表述准确,签名、制作日期齐全;(五)办证程序符合规定。不符合前款规定条件的,应当拒绝公证。

中华人民共和国著作权法

第三条

本法所称的作品,包括以下列形式创作的文学、艺术和自然科学、社会科学、工程技术等作品:(一)文字作品;(二)口述作品;(三)音乐、戏剧、曲艺、舞蹈、杂技艺术作品;(四)美术、建筑作品;(五)摄影作品;(六)电影作品和以类似摄制电影的方法创作的作品;(七)工程设计图、产品设计图、地图、示意图等图形作品和模型作品;(八)计算机软件;(九)法律、行政法规规定的其他作品。

第十条

著作权包括下列人身权和财产权:

(一)发表权,即决定作品是否公之于众的权利;

(二)署名权,即表明作者身份,在作品上署名的权利;

(三)修改权,即修改或者授权他人修改作品的权利;

(四)保护作品完整权,即保护作品不受歪曲、篡改的权利;

(五)复制权,即以印刷、复印、拓印、录音、录像、翻录、翻拍等方式将作品制作一份或者多份的权利;

(六)发行权,即以出售或者赠与方式向公众提供作品的原件或者复制件的权利;

(七)出租权,即有偿许可他人临时使用电影作品和以类似摄制电影的方法创作的作品、计算机软件的权利,计算机软件不是出租的主要标的的除外;

(八)展览权,即公开陈列美术作品、摄影作品的原件或者复

制件的权利;

（九）表演权,即公开表演作品,以及用各种手段公开播送作品的表演的权利;

（十）放映权,即通过放映机、幻灯机等技术设备公开再现美术、摄影、电影和以类似摄制电影的方法创作的作品等的权利;

（十一）广播权,即以无线方式公开广播或者传播作品,以有线传播或者转播的方式向公众传播广播的作品,以及通过扩音器或者其他传送符号、声音、图像的类似工具向公众传播广播的作品的权利;

（十二）信息网络传播权,即以有线或者无线方式向公众提供作品,使公众可以在其个人选定的时间和地点获得作品的权利;

（十三）摄制权,即以摄制电影或者以类似摄制电影的方法将作品固定在载体上的权利;

（十四）改编权,即改变作品,创作出具有独创性的新作品的权利;

（十五）翻译权,即将作品从一种语言文字转换成另一种语言文字的权利;

（十六）汇编权,即将作品或者作品的片段通过选择或者编排,汇集成新作品的权利;

（十七）应当由著作权人享有的其他权利。

著作权人可以许可他人行使前款第（五）项至第（十七）项规定的权利,并依照约定或者本法有关规定获得报酬。

著作权人可以全部或者部分转让本条第一款第（五）项至第（十七）项规定的权利,并依照约定或者本法有关规定获得报酬。

第十九条

著作权属于公民的,公民死亡后,其本法第十条第一款第（五）项至第（十七）项规定的权利在本法规定的保护期内,依照继承法的规定转移。

著作权属于法人或者其他组织的,法人或者其他组织变更、终

止后，其本法第十条第一款第（五）项至第（十七）项规定的权利在本法规定的保护期内，由承受其权利义务的法人或者其他组织享有；没有承受其权利义务的法人或者其他组织的，由国家享有。

中华人民共和国著作权法实施条例

第十四条

合作作者之一死亡后，其对合作作品享有的著作权法第十条第一款第五项至第十七项规定的权利无人继承又无人受遗赠的，由其他合作作者享有。

第十五条

作者死亡后，其著作权中的署名权、修改权和保护作品完整权由作者的继承人或者受遗赠人保护。

著作权无人继承又无人受遗赠的，其署名权、修改权和保护作品完整权由著作权行政管理部门保护。

第十七条

作者生前未发表的作品，如果作者未明确表示不发表，作者死亡后 50 年内，其发表权可由继承人或者受遗赠人行使；没有继承人又无人受遗赠的，由作品原件的所有人行使。

五、商法·商事主体

中华人民共和国公司法

第三条

公司是企业法人，有独立的法人财产，享有法人财产权。公司

以其全部财产对公司的债务承担责任。有限责任公司的股东以其认缴的出资额为限对公司承担责任；股份有限公司的股东以其认购的股份为限对公司承担责任。

第四条

公司股东依法享有资产收益、参与重大决策和选择管理者等权利。

第十一条

设立公司必须依法制定公司章程。公司章程对公司、股东、董事、监事、高级管理人员具有约束力。

第二十三条

设立有限责任公司，应当具备下列条件：

（一）股东符合法定人数；

（二）有符合公司章程规定的全体股东认缴的出资额；

（三）股东共同制定公司章程；

（四）有公司名称，建立符合有限责任公司要求的组织机构；

（五）有公司住所。

第三十二条

有限责任公司应当置备股东名册，记载下列事项：（一）股东的姓名或者名称及住所；（二）股东的出资额；（三）出资证明书编号。记载于股东名册的股东，可以依股东名册主张行使股东权利。公司应当将股东的姓名或者名称向公司登记机关登记；登记事项发生变更的，应当办理变更登记。未经登记或者变更登记的，不得对抗第三人。

第七十一条

有限责任公司的股东之间可以相互转让其全部或者部分股权。

股东向股东以外的人转让股权，应当经其他股东过半数同意。股东应就其股权转让事项书面通知其他股东征求同意，其他股东自接到书面通知之日起满三十日未答复的，视为同意转让。其他股东半数以上不同意转让的，不同意的股东应当购买该转让的股权；不购买的，视为同意转让。

附件：相关法律法规文件重要条文摘选

经股东同意转让的股权，在同等条件下，其他股东有优先购买权。两个以上股东主张行使优先购买权的，协商确定各自的购买比例；协商不成的，按照转让时各自的出资比例行使优先购买权。

公司章程对股权转让另有规定的，从其规定。

第七十二条

人民法院依照法律规定的强制执行程序转让股东的股权时，应当通知公司及全体股东，其他股东在同等条件下有优先购买权。其他股东自人民法院通知之日起满二十日不行使优先购买权的，视为放弃优先购买权。

第七十五条

自然人股东死亡后，其合法继承人可以继承股东资格；但是，公司章程另有规定的除外。

第七十六条

设立股份有限公司，应当具备下列条件：

（一）发起人符合法定人数；

（二）有符合公司章程规定的全体发起人认购的股本总额或者募集的实收股本总额；

（三）股份发行、筹办事项符合法律规定；

（四）发起人制订公司章程，采用募集方式设立的经创立大会通过；

（五）有公司名称，建立符合股份有限公司要求的组织机构；

（六）有公司住所。

最高人民法院关于适用《中华人民共和国公司法》若干问题的规定（三）

第二十四条

有限责任公司的实际出资人与名义出资人订立合同，约定由实际出资人出资并享有投资权益，以名义出资人为名义股东，实际出

资人与名义股东对该合同效力发生争议的，如无合同法第五十二条规定的情形，人民法院应当认定该合同有效。

中华人民共和国合伙企业法

第二条

本法所称合伙企业，是指自然人、法人和其他组织依照本法在中国境内设立的普通合伙企业和有限合伙企业。

普通合伙企业由普通合伙人组成，合伙人对合伙企业债务承担无限连带责任。本法对普通合伙人承担责任的形式有特别规定的，从其规定。

有限合伙企业由普通合伙人和有限合伙人组成，普通合伙人对合伙企业债务承担无限连带责任，有限合伙人以其认缴的出资额为限对合伙企业债务承担责任。

第三条

国有独资公司、国有企业、上市公司以及公益性的事业单位、社会团体不得成为普通合伙人。

第十四条

设立合伙企业，应当具备下列条件：

（一）有二个以上合伙人。合伙人为自然人的，应当具有完全民事行为能力；

（二）有书面合伙协议；

（三）有合伙人认缴或者实际缴付的出资；

（四）有合伙企业的名称和生产经营场所；

（五）法律、行政法规规定的其他条件。

第三十三条

合伙企业的利润分配、亏损分担，按照合伙协议的约定办理；合伙协议未约定或者约定不明确的，由合伙人协商决定；协商不成的，由合伙人按照实缴出资比例分配、分担；无法确定出资比例的，

由合伙人平均分配、分担。

合伙协议不得约定将全部利润分配给部分合伙人或者由部分合伙人承担全部亏损。

第四十八条

合伙人有下列情形之一的,当然退伙:

(一)作为合伙人的自然人死亡或者被依法宣告死亡;

(二)个人丧失偿债能力;

(三)作为合伙人的法人或者其他组织依法被吊销营业执照、责令关闭、撤销,或者被宣告破产;

(四)法律规定或者合伙协议约定合伙人必须具有相关资格而丧失该资格;

(五)合伙人在合伙企业中的全部财产份额被人民法院强制执行。

合伙人被依法认定为无民事行为能力人或者限制民事行为能力人的,经其他合伙人一致同意,可以依法转为有限合伙人,普通合伙企业依法转为有限合伙企业。其他合伙人未能一致同意的,该无民事行为能力或者限制民事行为能力的合伙人退伙。

退伙事由实际发生之日为退伙生效日。

第五十条

合伙人死亡或者被依法宣告死亡的,对该合伙人在合伙企业中的财产份额享有合法继承权的继承人,按照合伙协议的约定或者经全体合伙人一致同意,从继承开始之日起,取得该合伙企业的合伙人资格。

有下列情形之一的,合伙企业应当向合伙人的继承人退还被继承合伙人的财产份额:

(一)继承人不愿意成为合伙人;

(二)法律规定或者合伙协议约定合伙人必须具有相关资格,而该继承人未取得该资格;

(三)合伙协议约定不能成为合伙人的其他情形。

合伙人的继承人为无民事行为能力人或者限制民事行为能力人的,经全体合伙人一致同意,可以依法成为有限合伙人,普通合伙

企业依法转为有限合伙企业。全体合伙人未能一致同意的，合伙企业应当将被继承合伙人的财产份额退还该继承人。

第五十四条

合伙人退伙时，合伙企业财产少于合伙企业债务的，退伙人应当依照本法第三十三条第一款的规定分担亏损。

第五十五条

以专业知识和专门技能为客户提供有偿服务的专业服务机构，可以设立为特殊的普通合伙企业。特殊的普通合伙企业是指合伙人依照本法第五十七条的规定承担责任的普通合伙企业。特殊的普通合伙企业适用本节规定；本节未作规定的，适用本章第一节至第五节的规定。

第六十条

有限合伙企业及其合伙人适用本章规定；本章未作规定的，适用本法第二章第一节至第五节关于普通合伙企业及其合伙人的规定。

第八十条

作为有限合伙人的自然人死亡、被依法宣告死亡或者作为有限合伙人的法人及其他组织终止时，其继承人或者权利承受人可以依法取得该有限合伙人在有限合伙企业中的资格。

第八十一条

有限合伙人退伙后，对基于其退伙前的原因发生的有限合伙企业债务，以其退伙时从有限合伙企业中取回的财产承担责任。

中华人民共和国律师法

第二条

本法所称律师，是指依法取得律师执业证书，接受委托或者指定，为当事人提供法律服务的执业人员。

律师应当维护当事人合法权益，维护法律正确实施，维护社会公平和正义。

附件：相关法律法规文件重要条文摘选

第六条

申请律师执业，应当向设区的市级或者直辖市的区人民政府司法行政部门提出申请，并提交下列材料：

（一）国家统一法律职业资格证书；

（二）律师协会出具的申请人实习考核合格的材料；

（三）申请人的身份证明；

（四）律师事务所出具的同意接收申请人的证明。

第十五条

设立合伙律师事务所，除应当符合本法第十四条规定的条件外，还应当有三名以上合伙人，设立人应当是具有三年以上执业经历的律师。

合伙律师事务所可以采用普通合伙或者特殊的普通合伙形式设立。合伙律师事务所的合伙人按照合伙形式对该律师事务所的债务依法承担责任。

律师事务所管理办法

第二十八条

律师事务所变更合伙人，包括吸收新合伙人、合伙人退伙、合伙人因法定事由或者经合伙人会议决议被除名。

新合伙人应当从专职执业的律师中产生，并具有三年以上执业经历，但司法部另有规定的除外。受到六个月以上停止执业处罚的律师，处罚期满未逾三年的，不得担任合伙人。

合伙人退伙、被除名的，律师事务所应当依照法律、本所章程和合伙协议处理相关财产权益、债务承担等事务。

因合伙人变更需要修改合伙协议的，修改后的合伙协议应当按照本办法第二十六条第一款的规定报批。

六、社会救助

社会救助暂行办法

第四十三条

最低生活保障家庭有劳动能力的成员均处于失业状态的，县级以上地方人民政府应当采取有针对性的措施，确保该家庭至少有一人就业。

第四十四条

申请就业救助的，应当向住所地街道、社区公共就业服务机构提出，公共就业服务机构核实后予以登记，并免费提供就业岗位信息、职业介绍、职业指导等就业服务。

七、劳动保障

中国人民共和国劳动法

第三十六条

国家实行劳动者每日工作时间不超过八小时、平均每周工作时间不超过四十四小时的工时制度。

第三十七条

对实行计件工作的劳动者，用人单位应当根据本法第三十六条

附件：相关法律法规文件重要条文摘选

规定的工时制度合理确定其劳动定额和计件报酬标准。

第三十八条

用人单位应当保证劳动者每周至少休息一日。

第三十九条

企业因生产特点不能实行本法第三十六条、第三十八条规定的，经劳动行政部门批准，可以实行其他工作和休息办法。

第四十条

用人单位在下列节日期间应当依法安排劳动者休假：

（一）元旦；

（二）春节；

（三）国际劳动节；

（四）国庆节；

（五）法律、法规规定的其他休假节日。

第四十一条

用人单位由于生产经营需要，经与工会和劳动者协商后可以延长工作时间，一般每日不得超过一小时；因特殊原因需要延长工作时间的，在保障劳动者身体健康的条件下延长工作时间每日不得超过三小时，但是每月不得超过三十六小时。

第四十二条

有下列情形之一的，延长工作时间不受本法第四十一条规定的限制：（一）发生自然灾害、事故或者因其他原因，威胁劳动者生命健康和财产安全，需要紧急处理的；（二）生产设备、交通运输线路、公共设施发生故障，影响生产和公众利益，必须及时抢修的；（三）法律、行政法规规定的其他情形。

第四十四条

有下列情形之一的，用人单位应当按照下列标准支付高于劳动者正常工作时间工资的工资报酬：

（一）安排劳动者延长工作时间的，支付不低于工资的百分之一百五十的工资报酬；

（二）休息日安排劳动者工作又不能安排补休的，支付不低于工资的百分之二百的工资报酬；

（三）法定休假日安排劳动者工作的，支付不低于工资的百分之三百的工资报酬。

第四十五条

国家实行带薪年休假制度。

劳动者连续工作一年以上的，享受带薪年休假。具体办法由国务院规定。

第四十六条

工资分配应当遵循按劳分配原则，实行同工同酬。工资水平在经济发展的基础上逐步提高。国家对工资总量实行宏观调控。

第四十七条

用人单位根据本单位的生产经营特点和经济效益，依法自主确定本单位的工资分配方式和工资水平。

第四十八条

国家实行最低工资保障制度。最低工资的具体标准由省、自治区、直辖市人民政府规定，报国务院备案。用人单位支付劳动者的工资不得低于当地最低工资标准。

第四十九条

确定和调整最低工资标准应当综合参考下列因素：

（一）劳动者本人及平均赡养人口的最低生活费用；

（二）社会平均工资水平；

（三）劳动生产率；

（四）就业状况；

（五）地区之间经济发展水平的差异。

第五十条

工资应当以货币形式按月支付给劳动者本人。不得克扣或者无故拖欠劳动者的工资。

附件：相关法律法规文件重要条文摘选

第五十一条

劳动者在法定休假日和婚丧假期间以及依法参加社会活动期间，用人单位应当依法支付工资。

中国人民共和国劳动合同法

第三十九条

劳动者有下列情形之一的，用人单位可以解除劳动合同：

（一）在试用期间被证明不符合录用条件的；

（二）严重违反用人单位的规章制度的；

（三）严重失职，营私舞弊，给用人单位造成重大损害的；

（四）劳动者同时与其他用人单位建立劳动关系，对完成本单位的工作任务造成严重影响，或者经用人单位提出，拒不改正的；

（五）因本法第二十六条第一款第一项规定的情形致使劳动合同无效的；

（六）被依法追究刑事责任的。

第四十条

有下列情形之一的，用人单位提前三十日以书面形式通知劳动者本人或者额外支付劳动者一个月工资后，可以解除劳动合同：

（一）劳动者患病或者非因工负伤，在规定的医疗期满后不能从事原工作，也不能从事由用人单位另行安排的工作的；

（二）劳动者不能胜任工作，经过培训或者调整工作岗位，仍不能胜任工作的；

（三）劳动合同订立时所依据的客观情况发生重大变化，致使劳动合同无法履行，经用人单位与劳动者协商，未能就变更劳动合同内容达成协议的。

第四十一条

有下列情形之一，需要裁减人员二十人以上或者裁减不足二十人但占企业职工总数百分之十以上的，用人单位提前三十日向工会

或者全体职工说明情况，听取工会或者职工的意见后，裁减人员方案经向劳动行政部门报告，可以裁减人员：

（一）依照企业破产法规定进行重整的；

（二）生产经营发生严重困难的；

（三）企业转产、重大技术革新或者经营方式调整，经变更劳动合同后，仍需裁减人员的；

（四）其他因劳动合同订立时所依据的客观经济情况发生重大变化，致使劳动合同无法履行的。

裁减人员时，应当优先留用下列人员：

（一）与本单位订立较长期限的固定期限劳动合同的；

（二）与本单位订立无固定期限劳动合同的；

（三）家庭无其他就业人员，有需要扶养的老人或者未成年人的。

用人单位依照本条第一款规定裁减人员，在六个月内重新招用人员的，应当通知被裁减的人员，并在同等条件下优先招用被裁减的人员。

中华人民共和国英雄烈士保护法

第二条

国家和人民永远尊崇、铭记英雄烈士为国家、人民和民族作出的牺牲和贡献。

近代以来，为了争取民族独立和人民解放，实现国家富强和人民幸福，促进世界和平和人类进步而毕生奋斗、英勇献身的英雄烈士，功勋彪炳史册，精神永垂不朽。

烈士褒扬条例

第八条

公民牺牲符合下列情形之一的，评定为烈士：

（一）在依法查处违法犯罪行为、执行国家安全工作任务、执

附件：相关法律法规文件重要条文摘选

行反恐怖任务和处置突发事件中牺牲的；

（二）抢险救灾或者其他为了抢救、保护国家财产、集体财产、公民生命财产牺牲的；

（三）在执行外交任务或者国家派遣的对外援助、维持国际和平任务中牺牲的；

（四）在执行武器装备科研试验任务中牺牲的；

（五）其他牺牲情节特别突出，堪为楷模的。

第十六条

符合下列条件之一的烈士遗属，享受定期抚恤金：

（一）烈士的父母或者抚养人、配偶无劳动能力、无生活来源，或者收入水平低于当地居民的平均生活水平的；

（二）烈士的子女未满18周岁，或者已满18周岁但因残疾或者正在上学而无生活来源的；

（三）由烈士生前供养的兄弟姐妹未满18周岁，或者已满18周岁但因正在上学而无生活来源的。

关于工资总额组成的规定

第四条

工资总额由下列六个部分组成：

（一）计时工资；

（二）计件工资；

（三）奖金；

（四）津贴和补贴；

（五）加班加点工资；

（六）特殊情况下支付的工资。

工资支付暂行规定

第十二条

非因劳动者原因造成单位停工、停产在一个工资支付周期内的，用人单位应按劳动合同规定的标准支付劳动者工资。超过一个工资支付周期的，若劳动者提供了正常劳动，则支付给劳动者的劳动报酬不得低于当地的最低工资标准；若劳动者没有提供正常劳动，用人单位没有安排劳动者工作的，应当按不低于当地最低工资标准的70%支付劳动者生活费。应按国家有关规定办理。

第十三条

用人单位在劳动者完成劳动定额或规定的工作任务后，根据实际需要安排劳动者在法定标准工作时间以外工作的，应按以下标准支付工资：

（一）用人单位依法安排劳动者在日法定标准工作时间以外延长工作时间的，按照不低于劳动合同规定的劳动者本人小时工资标准的150%支付劳动者工资；

（二）用人单位依法安排劳动者在休息日工作，而又不能安排补休的，按照不低于劳动合同规定的劳动者本人日或小时工资标准的200%支付劳动者工资；

（三）用人单位依法安排劳动者在法定休假节日工作的，按照不低于劳动合同规定的劳动者本人日或小时工资标准的300%支付劳动者工资。

实行计件工资的劳动者，在完成计件定额任务后，由用人单位安排延长工作时间的，应根据上述规定的原则，分别按照不低于其本人法定工作时间计件单价的150%、200%、300%支付其工资。

经劳动行政部门批准实行综合计算工时工作制的，其综合计算工作时间超过法定标准工作时间的部分，应视为延长工作时间，并应按本规定支付劳动者延长工作时间的工资。

附件：相关法律法规文件重要条文摘选

实行不定时工时制度的劳动者，不执行上述规定。

国务院关于职工工作时间的规定

第七条

国家机关、事业单位实行统一的工作时间，星期六和星期日为周休息日。

企业和不能实行前款规定的统一工作时间的事业单位，可以根据实际情况灵活安排周休息日。

特殊工时管理规定（征求意见稿）

第十条

在实行综合计算工时工作制岗位上工作的劳动者，每日最长工作时间（含正常工作时间和延长工作时间）不得超过 11 小时。

企业应当保证在实行综合计算工时工作制岗位上工作的劳动者每两周至少有一个连续 24 小时的休息日。

我国法定年节假日等休假相关标准

休息休假时间是劳动者根据法律法规规定，在国家机关、社会团体、企业、事业单位以及其他组织任职期间内，不必从事生产和工作而自行支配的时间。

1. *休息日标准*。休息日又称公休假日，是劳动者满一个工作周后的休息时间。劳动法第 38 条规定，用人单位应当保证劳动者每周至少休息 1 天。1995 年颁布的《国务院关于修改〈国务院关于职工工作时间的规定〉的决定》（国务院令第 174 号）规定，我国职工的休息时间标准为工作 5 天、休息 2 天。该决定同时规定，国家机关、事业单位实行统一的工作时间，星期六和星期日为周休息日；企业

和不能实行国家规定的统一工作时间的事业单位,可以根据实际情况灵活安排周休息日。

2. **法定年节假日标准**。法定年节假日是由国家法律、法规统一规定的用以开展纪念、庆祝活动的休息时间,也是劳动者休息时间的一种。建国后,我国法定年节假日为7天。1999年法定年节假日增至10天。2007年颁布的《全国年节及纪念日放假办法》(国务院令第513号)将清明、端午、中秋和除夕设为法定节假日,将我国传统节日设定为法定节假日,有利于弘扬和传承我国优秀传统文化,提升中国文化在国际上的影响,提高全世界华人的文化凝聚力。我国现行法定年节假日标准为11天,全体公民放假的节日根据2013年《国务院关于修改〈全国年节及纪念日放假办法〉的决定》(国务院令第644号),具体为:新年,放假1天(1月1日);春节,放假3天(农历正月初一、初二、初三);清明节,放假1天(农历清明当日);劳动节,放假1天(5月1日);端午节,放假1天(农历端午当日);中秋节,放假1天(农历中秋当日);国庆节,放假3天(10月1日、2日、3日)。部分公民放假的节日及纪念日:妇女节(3月8日),妇女放假半天;青年节(5月4日),14周岁以上的青年放假半天;儿童节(6月1日),不满14周岁的少年儿童放假1天;中国人民解放军建军纪念日(8月1日),现役军人放假半天。少数民族习惯的节日,由各少数民族聚居地区的地方人民政府,按照各该民族习惯,规定放假日期。二七纪念日、五卅纪念日、七七抗战纪念日、九三抗战胜利纪念日、九一八纪念日、教师节、护士节、记者节、植树节等其他节日、纪念日,均不放假。全体公民放假的假日,如果适逢星期六、星期日,应当在工作日补假。部分公民放假的假日,如果适逢星期六、星期日,则不补假。

3. **年休假标准**。带薪年休假是劳动者连续工作满1年后每年依法享有的保留职务和工资的一定期限连续休息的假期。劳动法第45条规定,国家实行带薪年休假制度。2007年国务院颁布《职工带薪年休假条例》(国务院令第514号),明确规定,机关、团体、企

附件：相关法律法规文件重要条文摘选

业、事业单位、民办非企业单位、有雇工的个体工商户等单位的职工连续工作1年以上的，享受带薪年休假。职工累计工作已满1年不满10年的，年休假5天；已满10年不满20年的，年休假10天；已满20年的，年休假15天。国家法定休假日、休息日不计入年休假的假期。2008年《机关事业单位工作人员带薪年休假实施办法》和《企业职工带薪年休假实施办法》公布实施。至此，全面建立起适用于各类用人单位的带薪年休假制度。带薪年休假制度的实行，使职工得到更好的休息，这有利于劳动者的身体健康，也有利于劳动者在经过充分的休息后以更充沛的精力投入生产和工作。

4. 探亲假标准。1981年国务院发布《关于职工探亲待遇的规定》，规定了国家机关、人民团体和全民所有制企业、事业单位的职工探亲假标准。根据规定，职工工作满1年，与配偶不住在一起，又不能在公休假日团聚的，可以享受探望配偶的假期待遇（每年1次，假期30天），与父亲、母亲都不能住在一起，又不能在公休假日团聚的，可以享受探望父母的假期待遇（未婚职工每年1次，假期20天；已婚职工每4年1次，假期20天）。同时，单位应根据需要给予路程假。探亲假期包括公休假日和法定节日在内。

5. 婚丧假标准。按照1980年颁布的《国家劳动总局、财政部关于国营企业职工请婚丧假和路程假问题的通知》规定，职工本人结婚或职工的直系亲属（父母、配偶和子女）死亡时，可以根据具体情况，由单位酌情给予1-3天的婚丧假。另外可根据路程远近，给予路程假。

企业职工带薪年休假实施办法

第十条

用人单位经职工同意不安排年休假或者安排职工年休假天数少于应休年休假天数，应当在本年度内对职工应休未休年休假天数，按照其日工资收入的300%支付未休年休假工资报酬，其中包含用人

185

单位支付职工正常工作期间的工资收入。

用人单位安排职工休年休假,但是职工因本人原因且书面提出不休年休假的,用人单位可以只支付其正常工作期间的工资收入。

全国年节及纪念日放假办法

第二条

全体公民放假的节日:

(一)新年,放假1天(1月1日);

(二)春节,放假3天(农历正月初一、初二、初三);

(三)清明节,放假1天(农历清明当日);

(四)劳动节,放假1天(5月1日);

(五)端午节,放假1天(农历端午当日);

(六)中秋节,放假1天(农历中秋当日);

(七)国庆节,放假3天(10月1日、2日、3日)。

八、诉讼规定

中华人民共和国民事诉讼法

第六十五条

当事人对自己提出的主张应当及时提供证据。

人民法院根据当事人的主张和案件审理情况,确定当事人应当提供的证据及其期限。当事人在该期限内提供证据确有困难的,可以向人民法院申请延长期限,人民法院根据当事人的申请适当延长。当事人逾期提供证据的,人民法院应当责令其说明理由;拒不说明理由或者理由不成立的，人民法院根据不同情形可以不予采纳该证据，或者采纳该证据但予以训诫、罚款。

第八十二条

期间包括法定期间和人民法院指定的期间。

期间以时、日、月、年计算。期间开始的时和日，不计算在期间内。

期间届满的最后一日是节假日的，以节假日后的第一日为期间届满的日期。

期间不包括在途时间，诉讼文书在期满前交邮的，不算过期。

第八十三条

当事人因不可抗拒的事由或者其他正当理由耽误期限的，在障碍消除后的十日内，可以申请顺延期限，是否准许，由人民法院决定。

第一百四十五条

宣判前，原告申请撤诉的，是否准许，由人民法院裁定。

人民法院裁定不准许撤诉的，原告经传票传唤，无正当理由拒不到庭的，可以缺席判决。

第一百五十条

有下列情形之一的，中止诉讼：

（一）一方当事人死亡，需要等待继承人表明是否参加诉讼的；

（二）一方当事人丧失诉讼行为能力，尚未确定法定代理人的；

（三）作为一方当事人的法人或者其他组织终止，尚未确定权利义务承受人的；

（四）一方当事人因不可抗拒的事由，不能参加诉讼的；

（五）本案必须以另一案的审理结果为依据，而另一案尚未审结的；

（六）其他应当中止诉讼的情形。

中止诉讼的原因消除后，恢复诉讼。

第一百六十四条

当事人不服地方人民法院第一审判决的，有权在判决书送达之日起十五日内向上一级人民法院提起上诉。

当事人不服地方人民法院第一审裁定的,有权在裁定书送达之日起十日内向上一级人民法院提起上诉。

第一百八十七条

申请认定公民无民事行为能力或者限制民事行为能力,由其近亲属或者其他利害关系人向该公民住所地基层人民法院提出。申请书应当写明该公民无民事行为能力或者限制民事行为能力的事实和根据。

中华人民共和国刑事诉讼法

第一百零八条

本法下列用语的含意是:

(一)"侦查"是指公安机关、人民检察院对于刑事案件,依照法律进行的收集证据、查明案情的工作和有关的强制性措施;

(二)"当事人"是指被害人、自诉人、犯罪嫌疑人、被告人、附带民事诉讼的原告人和被告人;

(三)"法定代理人"是指被代理人的父母、养父母、监护人和负有保护责任的机关、团体的代表;

(四)"诉讼参与人"是指当事人、法定代理人、诉讼代理人、辩护人、证人、鉴定人和翻译人员;

(五)"诉讼代理人"是指公诉案件的被害人及其法定代理人或者近亲属、自诉案件的自诉人及其法定代理人委托代为参加诉讼的人和附带民事诉讼的当事人及其法定代理人委托代为参加诉讼的人;

(六)"近亲属"是指夫、妻、父、母、子、女、同胞兄弟姊妹。

最高人民法院关于适用《中华人民共和国民事诉讼法》的解释

第八十五条

根据民事诉讼法第五十八条第二款第二项规定,与当事人有夫妻、直系血亲、三代以内旁系血亲、近姻亲关系以及其他有抚养、赡养关系的亲属，可以当事人近亲属的名义作为诉讼代理人。

最高人民法院关于适用《中华人民共和国行政诉讼法》的解释

第十四条

行政诉讼法第二十五条第二款规定的"近亲属"，包括配偶、父母、子女、兄弟姐妹、祖父母、外祖父母、孙子女、外孙子女和其他具有扶养、赡养关系的亲属。

最高人民法院关于审理民事案件适用诉讼时效制度若干问题的规定

第十条

具有下列情形之一的，应当认定为民法通则第一百四十条规定的"当事人一方提出要求"，产生诉讼时效中断的效力：

（一）当事人一方直接向对方当事人送交主张权利文书，对方当事人在文书上签字、盖章或者虽未签字、盖章但能够以其他方式证明该文书到达对方当事人的；

（二）当事人一方以发送信件或者数据电文方式主张权利，信件或者数据电文到达或者应当到达对方当事人的；

（三）当事人一方为金融机构，依照法律规定或者当事人约定从对方当事人账户中扣收欠款本息的；

（四）当事人一方下落不明，对方当事人在国家级或者下落不明的当事人一方住所地的省级有影响的媒体上刊登具有主张权利内容的公告的，但法律和司法解释另有特别规定的，适用其规定。

前款第（一）项情形中，对方当事人为法人或者其他组织的，签收人可以是其法定代表人、主要负责人、负责收发信件的部门

或者被授权主体；对方当事人为自然人的，签收人可以是自然人本人、同住的具有完全行为能力的亲属或者被授权主体。

第十三条

下列事项之一，人民法院应当认定与提起诉讼具有同等诉讼时效中断的效力：

（一）申请仲裁；

（二）申请支付令；

（三）申请破产、申报破产债权；

（四）为主张权利而申请宣告义务人失踪或死亡；

（五）申请诉前财产保全、诉前临时禁令等诉前措施；

（六）申请强制执行；

（七）申请追加当事人或者被通知参加诉讼；

（八）在诉讼中主张抵销；

（九）其他与提起诉讼具有同等诉讼时效中断效力的事项。

九、其他

中华人民共和国刑法

第二百六十一条

对于年老、年幼、患病或者其他没有独立生活能力的人，负有扶养义务而拒绝扶养，情节恶劣的，处五年以下有期徒刑、拘役或者管制。

第二百八十六条之一

网络服务提供者不履行法律、行政法规规定的信息网络安全管理义务，经监管部门责令采取改正措施而拒不改正，有下列情

附件：相关法律法规文件重要条文摘选

形之一的，处三年以下有期徒刑、拘役或者管制，并处或者单处罚金：（一）致使违法信息大量传播的；（二）致使用户信息泄露，造成严重后果的；（三）致使刑事案件证据灭失，情节严重的；（四）有其他严重情节的。单位犯前款罪的，对单位判处罚金，并对其直接负责的主管人员和其他直接责任人员，依照前款的规定处罚。有前两款行为，同时构成其他犯罪的，依照处罚较重的规定定罪处罚。

中华人民共和国网络安全法

第四十条

网络运营者应当对其收集的用户信息严格保密，并建立健全用户信息保护制度。

第四十一条

网络运营者收集、使用个人信息，应当遵循合法、正当、必要的原则，公开收集、使用规则，明示收集、使用信息的目的、方式和范围，并经被收集者同意。

网络运营者不得收集与其提供的服务无关的个人信息，不得违反法律、行政法规的规定和双方的约定收集、使用个人信息，并应当依照法律、行政法规的规定和与用户的约定，处理其保存的个人信息。

第四十二条

网络运营者不得泄露、篡改、毁损其收集的个人信息；未经被收集者同意，不得向他人提供个人信息。但是，经过处理无法识别特定个人且不能复原的除外。

网络运营者应当采取技术措施和其他必要措施，确保其收集的个人信息安全，防止信息泄露、毁损、丢失。在发生或者可能发生个人信息泄露、毁损、丢失的情况时，应当立即采取补救措施，按照规定及时告知用户并向有关主管部门报告。

第四十三条

个人发现网络运营者违反法律、行政法规的规定或者双方的约定收集、使用其个人信息的,有权要求网络运营者删除其个人信息;发现网络运营者收集、存储的其个人信息有错误的,有权要求网络运营者予以更正。网络运营者应当采取措施予以删除或者更正。

第四十四条

任何个人和组织不得窃取或者以其他非法方式获取个人信息,不得非法出售或者非法向他人提供个人信息。

第四十五条

依法负有网络安全监督管理职责的部门及其工作人员,必须对在履行职责中知悉的个人信息、隐私和商业秘密严格保密,不得泄露、出售或者非法向他人提供。

第四十六条

任何个人和组织应当对其使用网络的行为负责,不得设立用于实施诈骗,传授犯罪方法,制作或者销售违禁物品、管制物品等违法犯罪活动的网站、通讯群组,不得利用网络发布涉及实施诈骗,制作或者销售违禁物品、管制物品以及其他违法犯罪活动的信息。

第四十七条

网络运营者应当加强对其用户发布的信息的管理,发现法律、行政法规禁止发布或者传输的信息的,应当立即停止传输该信息,采取消除等处置措施,防止信息扩散,保存有关记录,并向有关主管部门报告。

第四十八条

任何个人和组织发送的电子信息、提供的应用软件,不得设置恶意程序,不得含有法律、行政法规禁止发布或者传输的信息。

电子信息发送服务提供者和应用软件下载服务提供者,应当履行安全管理义务,知道其用户有前款规定行为的,应当停止提供服务,采取消除等处置措施,保存有关记录,并向有关主管部门报告。

第四十九条

网络运营者应当建立网络信息安全投诉、举报制度,公布投诉、举报方式等信息,及时受理并处理有关网络信息安全的投诉和举报。

网络运营者对网信部门和有关部门依法实施的监督检查,应当予以配合。

第五十条

国家网信部门和有关部门依法履行网络信息安全监督管理职责,发现法律、行政法规禁止发布或者传输的信息的,应当要求网络运营者停止传输,采取消除等处置措施,保存有关记录;对来源于中华人民共和国境外的上述信息,应当通知有关机构采取技术措施和其他必要措施阻断传播。

中华人民共和国教育法

第三十条

学校及其他教育机构应当履行下列义务:(一)遵守法律、法规;(二)贯彻国家的教育方针,执行国家教育教学标准,保证教育教学质量;(三)维护受教育者、教师及其他职工的合法权益;(四)以适当方式为受教育者及其监护人了解受教育者的学业成绩及其他有关情况提供便利;(五)遵照国家有关规定收取费用并公开收费项目;(六)依法接受监督。

第四十三条

受教育者享有下列权利:(一)参加教育教学计划安排的各种活动,使用教育教学设施、设备、图书资料;(二)按照国家有关规定获得奖学金、贷学金、助学金;(三)在学业成绩和品行上获得公正评价,完成规定的学业后获得相应的学业证书、学位证书;(四)对学校给予的处分不服向有关部门提出申诉,对学校、教师侵犯其人身权、财产权等合法权益,提出申诉或者依法提起诉讼;(五)法律、法规规定的其他权利。

第四十四条

受教育者应当履行下列义务：（一）遵守法律、法规；（二）遵守学生行为规范，尊敬师长，养成良好的思想品德和行为习惯；（三）努力学习，完成规定的学习任务；（四）遵守所在学校或者其他教育机构的管理制度。

第五十条

未成年人的父母或者其他监护人应当为其未成年子女或者其他被监护人受教育提供必要条件。未成年人的父母或者其他监护人应当配合学校及其他教育机构，对其未成年子女或者其他被监护人进行教育。学校、教师可以对学生家长提供家庭教育指导。

第八十三条

违反本法规定，侵犯教师、受教育者、学校或者其他教育机构的合法权益，造成损失、损害的，应当依法承担民事责任。

中华人民共和国保险法

第二条

本法所称保险，是指投保人根据合同约定，向保险人支付保险费，保险人对于合同约定的可能发生的事故因其发生所造成的财产损失承担赔偿保险金责任，或者当被保险人死亡、伤残、疾病或者达到合同约定的年龄、期限等条件时承担给付保险金责任的商业保险行为。

第四十二条

被保险人死亡后，有下列情形之一的，保险金作为被保险人的遗产，由保险人依照《中华人民共和国继承法》的规定履行给付保险金的义务：

（一）没有指定受益人，或者受益人指定不明无法确定的；

（二）受益人先于被保险人死亡，没有其他受益人的；

（三）受益人依法丧失受益权或者放弃受益权，没有其他受益人的。

受益人与被保险人在同一事件中死亡，且不能确定死亡先后顺

序的，推定受益人死亡在先。

中华人民共和国社会保险法

第二条

国家建立基本养老保险、基本医疗保险、工伤保险、失业保险、生育保险等社会保险制度，保障公民在年老、疾病、工伤、失业、生育等情况下依法从国家和社会获得物质帮助的权利。

第四条

中华人民共和国境内的用人单位和个人依法缴纳社会保险费，有权查询缴费记录、个人权益记录，要求社会保险经办机构提供社会保险咨询等相关服务。

个人依法享受社会保险待遇，有权监督本单位为其缴费情况。

第五条

县级以上人民政府将社会保险事业纳入国民经济和社会发展规划。

国家多渠道筹集社会保险资金。县级以上人民政府对社会保险事业给予必要的经费支持。

国家通过税收优惠政策支持社会保险事业。

工伤保险条例

第一条

为了保障因工作遭受事故伤害或者患职业病的职工获得医疗救治和经济补偿，促进工伤预防和职业康复，分散用人单位的工伤风险，制定本条例。

第十四条

职工有下列情形之一的，应当认定为工伤：

（一）在工作时间和工作场所内，因工作原因受到事故伤害的；

（二）工作时间前后在工作场所内，从事与工作有关的预备性或者收尾性工作受到事故伤害的；

（三）在工作时间和工作场所内，因履行工作职责受到暴力等意外伤害的；

（四）患职业病的；

（五）因工外出期间，由于工作原因受到伤害或者发生事故下落不明的；

（六）在上下班途中，受到非本人主要责任的交通事故或者城市轨道交通、客运轮渡、火车事故伤害的；

（七）法律、行政法规规定应当认定为工伤的其他情形。

第十五条

职工有下列情形之一的，视同工伤：

（一）在工作时间和工作岗位，突发疾病死亡或者在48小时之内经抢救无效死亡的；

（二）在抢险救灾等维护国家利益、公共利益活动中受到伤害的；

（三）职工原在军队服役，因战、因公负伤致残，已取得革命伤残军人证，到用人单位后旧伤复发的。

职工有前款第（一）项、第（二）项情形的，按照本条例的有关规定享受工伤保险待遇；职工有前款第（三）项情形的，按照本条例的有关规定享受除一次性伤残补助金以外的工伤保险待遇。

第三十九条

职工因工死亡，其近亲属按照下列规定从工伤保险基金领取丧葬补助金、供养亲属抚恤金和一次性工亡补助金：

（一）丧葬补助金为6个月的统筹地区上年度职工月平均工资。

（二）供养亲属抚恤金按照职工本人工资的一定比例发给由因工死亡职工生前提供主要生活来源、无劳动能力的亲属。标准为：配偶每月40%，其他亲属每人每月30%，孤寡老人或者孤儿每人每月在上述标准的基础上增加10%。核定的各供养亲属的抚恤金之和不应高于因工死亡职工生前的工资。供养亲属的具体范围由国务院社会

附件：相关法律法规文件重要条文摘选

保险行政部门规定。

（三）一次性工亡补助金标准为上一年度全国城镇居民人均可支配收入的20倍。

伤残职工在停工留薪期内因工伤导致死亡的，其近亲属享受本条第一款规定的待遇。

一级至四级伤残职工在停工留薪期满后死亡的，其近亲属可以享受本条第一款第（一）项、第（二）项规定的待遇。

志愿服务条例

第二条

本条例适用于在中华人民共和国境内开展的志愿服务以及与志愿服务有关的活动。

广东省民政厅遗体火化管理工作暂行规定

第十四条

恪守职业道德，文明操作，善待死者。火化遗体时，入炉平稳，做到不拖、不拉、不抛、不发生坠尸现象，认真司炉、清炉、出炉，骨灰纯净，装灰时发现贵重物品及时上交处理，交还丧属；核准骨灰，及时送灰，确保准确无误。

最高人民法院、最高人民检察院关于办理非法利用信息网络、帮助信息网络犯罪活动等刑事案件适用法律若干问题的解释

第一条

提供下列服务的单位和个人，应当认定为刑法第二百八十六条之一第一款规定的"网络服务提供者"：

197

（一）网络接入、域名注册解析等信息网络接入、计算、存储、传输服务；

（二）信息发布、搜索引擎、即时通讯、网络支付、网络预约、网络购物、网络游戏、网络直播、网站建设、安全防护、广告推广、应用商店等信息网络应用服务；

（三）利用信息网络提供的电子政务、通信、能源、交通、水利、金融、教育、医疗等公共服务。

阅读文献

[1] 李克杰. 举国抗"疫"中的应急法治省思[N]. 检察日报, 2020-02-26(007).

[2] 王涌, 旷涵潇. 夫妻共有股权行使的困境及其应对——兼论商法与婚姻法的关系[J]. 法学评论, 2020, 38(01): 81-93.

[3] 赵帛妍. "外地租户不得进小区"合法吗[N]. 北京日报, 2020-02-19(010).

[4] 冉克平, 谭佐财. 无人承受遗产规则的反思与重构[J]. 天津法学, 2019, 35(04): 46-54.

[5] 郭明瑞. 论遗嘱形式瑕疵对遗嘱效力的影响——兼论遗嘱形式的立法完善[J]. 求是学刊, 2013, 40(02): 86-92.

[6] 宋文君. 遗嘱的撤销与变更[J]. 中国公证, 2011(06): 41-42.

[7] 王建东, 毛亚敏. 离婚诉讼之公司股权分割问题探讨——兼论"《婚姻法》司法解释(二)"第16条之完善[J]. 法学, 2007(05): 136-141.

[8] 汪洋. 遗产债务的类型与清偿顺序[J]. 法学, 2018(12): 174-192.

[9] 陆林. 新冠肺炎疫情期间医护人员如何做好自我心理疏导(漫画版)[M]. 北京: 中国人口出版社, 2020.

[10] 新冠病毒大流行凸显全球抗疫处于关键时刻[EB/OL]. 中国新闻网, [2020-03-17]. http://www.chinanews.com/sh/2020/03-14/9124968.shtml.

[11] 外媒: 全球死于新冠肺炎的患者数已超过5000人[EB/OL]. 余姚新闻网, [2020-03-17]. http://yynews.cnnb.com.cn/system/2020/03/

13/012084724.shtml.

［12］海外疫情简报：中国以外累计确诊超15万 美副总统办公室一职员检测呈阳性［EB/OL］．新华网，［2020-03-21］．http://www.xinhuanet.com/2020-03/21/c_1125746368.htm.

［13］新型冠状病毒疫情下家事审判面临的问题及建议［EB/OL］．人民法治网，［2020-02-23］．http://www.rmfz.org.cn/contents/11/266348.html.

［14］浙商财产保险股份有限公司 营业中断保险条款［EB/OL］．中国保险行业协会网，［2020-02-25］．http://www.iachina.cn/col/col4403/.

［15］中国人民财产保险股份有限公司 雇主责任保险条款（2015版）［EB/OL］．中国保险行业协会网，［2020-02-25］．https://www.sohu.com/a/315730493_456960.

后 记

春节是中华民族传统的举家团圆的日子,但 2020 年的春节是一个特殊的春节,从湖北武汉蔓延开来的突发性新型冠状病毒肺炎一定程度上影响人们的正常生活。为防止这种传染性较强疾病的扩散而不得不采用的管控和应急处置措施,导致有的人隔离或治疗,有的人只能居家生活。人们的正常工作和生活秩序被打乱,直接或间接产生了一些特殊的法律问题。这些问题最直接影响到作为社会最基本细胞的家庭,围绕家庭展开的儿童抚育、老年人监护、夫妻关系、家庭成员间的继承等涉及许多特别和迫切的问题,亟待给予相应的解答。在居家生活的这些日子里,每天看着关于新型冠状病毒肺炎的相关报道,静思的时候多了,也就萌生了以一问一答的方式写作的念头。写作初期,每天晚上我们准时会合,讨论解答问题,似乎也为这略显枯燥的生活平添了一番色彩。现在回想起来,心里还是有一丝甜美的感觉。

写作的过程辛苦自不必说,但看着成稿,还是满心欢喜,犹如是捧在手心里的宝贝。本次新型冠状病毒肺炎终将过去,生活需要继续,但突发性公共卫生事件依然需要我们时时关注。我们希望本书的出版可以给大家带去有益的帮助。

本书的编写离不开我指导的学生们辛勤的付出,感谢他们,感谢他们的努力;感谢我的好友潘力女士提供的帮助;感谢华龄出版社总编辑苏辉女士的提点,她认真负责的敬业精神值得我们学习。在这短短的编写日子里,感谢我的家人,感谢他们提供安宁的工作环境。

在本书即将付梓之际,我们看到本次新型冠状病毒肺炎暴发地湖北武汉的情况已得到控制,方舱医院已经休舱,各省支援武汉的医疗队已在陆续返回中,疫情过后的复建也已提上日程。作为法律人,我们期待社会生活有序恢复,社会治理现代化进一步推进。我们期待"春花烂漫,山河无恙,人间皆安""行云望逾远,更青山无数",明天会更好!

林艳琴
2020 年 3 月 18 日